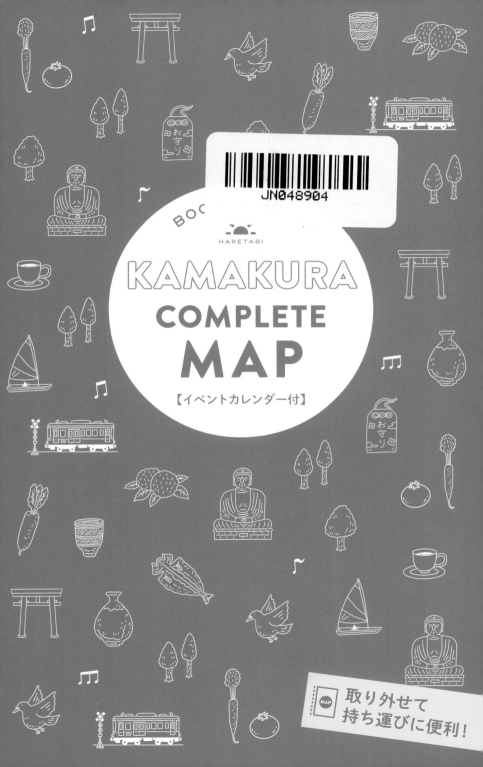

JN048904

BOO

HARETABI

KAMAKURA

COMPLETE
MAP

【イベントカレンダー付】

MAP 取り外せて
持ち運びに便利！

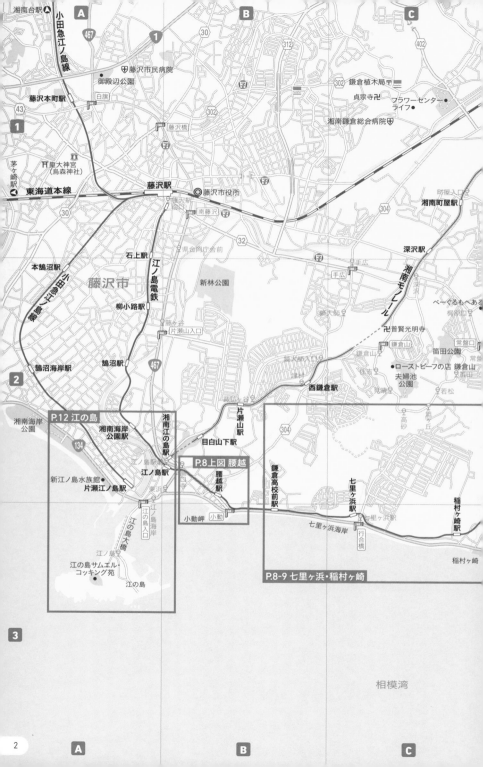

湘南台駅
小田急江ノ島線
467
30
1
藤沢市民病院
御殿辺公園
白旗
藤沢本町駅
43
藤沢橋
302
312
402
鎌倉植木局〒
貞宗寺卍
フラワーセンター
ライフ
湘南鎌倉総合病院田
1

皇大神宮
(烏森神社)
東海道本線
藤沢駅
藤沢市役所
304
湘南町屋駅
30
南藤沢
32
深沢駅
茅ケ崎駅
石上駅
県合同庁舎前
手広
湘南モノレール
新林公園
手広
べーぐるもへある
本鵠沼駅
江ノ島電鉄
藤ケ谷
普賢光明寺
鎌倉山
柳小路駅
片瀬山入口
笛田公園
常盤口
大船入口
ローストビーフの店 鎌倉山
常盤
藤沢市
鵠沼駅
467
西鎌倉駅
夫婦池
公園
笛田
若松
2
鵠沼海岸駅
片瀬山駅
高砂
湘南海岸
公園
P.12 江の島
湘南海岸
公園駅
湘南江
の島駅
目白山下駅
304
134
新江ノ島水族館
江ノ島駅
P.8上図 腰越
鎌倉高校前駅
七里ヶ浜駅
稲村ヶ崎駅
片瀬江ノ島駅
腰越駅
江の島入口
小動岬
小動
七里ヶ浜海岸
行合橋
江の島大橋
江の島サムエル・
コッキング苑
江の島
P.8-9 七里ヶ浜・稲村ヶ崎
稲村ヶ崎

3

相模湾

鎌倉全体図

0　250　500m

N

F

D　イトーヨーカドー
鎌倉芸術館

戸塚駅
船観音
富士見町駅

大船駅

E

鎌倉
パブリックゴルフ場
称名寺

鎌倉
カントリークラブ

1

P.10-11 北鎌倉

北鎌倉駅
円覚寺
東慶寺　明月院
浄智寺　上町
　　　　建長寺
海蔵寺
建長寺

六国見山
森林公園

散在ガ池
森林公園

大平山

天台山

鎌倉霊園

okashi nikaido P.127

覚園寺 P.65

天園ハイキングコース
（覚園寺口）

永福寺跡

鎌倉宮 P.60,69

瑞泉寺 P.67

鎌倉市

P.4-5 鎌倉駅周辺

銭洗弁財天
宇賀福神社
源氏山
公園
鎌倉歴史文化交流館

鶴岡八幡宮
八幡宮前

荏柄天神社

杉本寺 P.65,69

十二所神社

十二所

浄明寺

2

鎌倉市役所
鎌倉駅

本覚寺
妙本寺
常栄寺

金沢街道

P.63,73,126 報国寺

一条恵観山荘
P.14,79,126

浄妙寺 P.66,72,126

石窯ガーデンテラス P.127

P.6-7 長谷・由比ヶ浜

大仏坂　高徳院
大仏前
鎌倉
文学館
光則寺　長谷観音
長谷駅
長谷観音
（長谷）

江ノ島電鉄

極楽寺駅

由比ヶ浜駅
和田塚駅

由比ヶ浜海岸

滑川

妙法寺
安国論寺
長勝寺

九品寺

P.4 材木座

光明寺

P.13 逗子・葉山

池子の森
自然公園

逗子市

湘南
新宿ライン
横須賀線・

横須賀駅

逗子駅

逗子市役所
逗子・葉山駅

京急
逗子線

3

和田江島

小坪

逗子湾

渚橋

葉山町
長柄

3

0 50 100m

銭洗弁財天 宇賀福神社 P.61,69,110

P.81 源氏山公園

源氏山

源頼朝・
北条政子墓

1

佐助稲荷神社 P.111

佐助カフェ

鎌倉市
扇ガ谷

別館

鎌倉歴史文化交流館

Good Souvenir and Coffee

古我邸

佐助

もやい工藝

P.21,45 茶房 雲母

御成小

鎌倉局

鎌倉駅

本覚寺

小町大路

夷堂橋

妙本寺

材木座

0 100 200m

ふれあい鎌倉
ホスピタル

鎌倉市
農協連即売所

教恩寺

常栄寺

諏訪神社

商工会議所

紀ノ国屋

2

ピエニ・クローネ

下馬

大町大路

大宝寺

鎌倉市役所前

鎌倉市

市役所前

延命寺

小学校前

トトリ

大町四ツ角

安養院

大町

鎌倉市役所

御成町

第一小

由比ガ浜

鎌倉女学院
高・中

本興寺

妙法寺

逗子駅

御成町

鎌倉署

名越

額田記念病院

左図 材木座

安国論寺 P.119

御成小

御成小前

横須賀線・湘南新宿ライン

311

中央図書館

御成中入口

Squeeze材木座 P.51,119

長勝寺

来迎寺

P.118
GOOD MORNING ZAIMOKUZA

鎌倉 燻製食堂 燻太 P.119

実相寺

福祉センター・社会福祉協議会

由比ガ浜

御成中入口

佐助

P.52,119
アコテ材木座

材木座局

材木座

亀時間 P.149

P.119 九品寺

九品寺前

六地蔵

六地蔵

P.77,118
材木座海岸

134

補陀洛寺

P.6-7 長谷・由比ヶ浜

311

六地蔵

逗子市
小坪

鎌倉はまなみ

光明寺

光明寺 P.17,42,71,118

セブンシーズ P.77

第一中

長谷駅

第一小

北鎌倉駅

浄光明寺卍

P.14-15 小町通り周辺

英勝寺 P.111

卍護国寺

卍寿福寺

卍岩窟不動尊

八坂大神

横須賀線 湘南新宿ライン

今小路

巽神社

鎌倉市鏑木清方記念美術館

聖ミカエル教会 十

P.6-7 長谷・由比ヶ浜

鶴ヶ岡会館

小町通り

豊島屋本店

ホテルニューカマクラ

鎌倉水道営業所

もとまちユニオン

鎌倉駅入口

鎌倉駅
西口　東口

鎌倉局

ふれあい鎌倉ホスピタル

東急ストア

鎌倉郵便局前

ガード下

御成通り

下馬
四ツ角

ハリス記念幼稚園
鎌倉教会

まか

下馬

卍延命寺

小学校前

逗子駅

卍

卍大巧寺

十雪ノ下教会

蛭子神社 卍

卍本覚寺

下川橋

卍教恩寺

大町四ツ角

大町四ツ角

P.8,19,83
鎌倉文華館 鶴岡ミュージアム
（鎌倉殿の13人 大河ドラマ館）

雪ノ下

川喜多映画記念館

八幡宮前

三ノ鳥居

八幡宮前

卍八幡宮

若宮大路

雪ノ下局 〒

小町大路

卍妙隆寺

十カトリック教会雪ノ下教会

鎌倉彫会館

二ノ鳥居

二の鳥居前

清川病院

ホテルメトロポリタン鎌倉

琴禅橋

夷堂橋

八幡宮裏

宝物館　●本宮（上宮）

鶴岡八幡宮 P.16,18,68

舞殿　若宮

白旗神社 卍

横浜国大附属鎌倉中

P.64 鎌倉国宝館

研修道場

横浜国大附属鎌倉小

旗上弁財天社　源氏池

横大路　正一位稲荷

宝戒寺 卍

P.17,32 燕CAFE

東勝寺橋

小町

P.81 祇園山ハイキングコース（高時腹切やぐら入口）

卍蛇苦止堂

本堂　卍妙本寺

卍祖師堂

大町

卍常栄寺

卍大宝寺

平家池

21

204

1
2
3

長谷・由比ヶ浜

0　100　200m

A　B　C

浅間神社⛩

一向堂公園

大仏切通

大仏坂

葛原岡・大仏ハイキングコース（大仏側入口）

観月堂

大仏坂

鎌倉大仏　● 高徳院（鎌倉大仏）P.15,54

大仏前　仁王門

鎌倉観光会館 ● 大仏前

鎌倉病院🏥 大仏前　P.78,112 鎌倉文学館 📷

P.20,113 m's terrace Kamakura 🍴

鎌倉能舞台 ●

甘縄神明宮⛩

長谷　旧ヤム邸 かまくら荘 P.33

文学館入口

〒長谷局　ダイヤモンド

長谷観光 ● 鎌倉別邸ソサエティ

光則寺卍 UNI COFFEE ROASTERY

P.20,47,113 KANNON COFFEE kamakura

長谷観音前

P.12,56,68,73 長谷寺 📷

P.47 カカオハナレ 長谷店　vuori P.84

収玄寺卍

P.113 EKIYOKO BAKE 🍴 ● 長谷駅

長谷駅

P.114

御霊神社 📷　P.39 Restaurant Watabe 🍴 P.115 ZEN VAGUE 📷

🏫稲村ヶ崎小

熊野神宮⛩

極楽寺

江ノ島電鉄

極楽寺 P.114

極楽寺駅

星月ノ井

坂ノ下　星の井通り

虚空蔵堂卍

極楽寺坂切通

極楽寺坂　力餅家 P.91

P.115 成就院 📷

由比ヶ浜海岸 P.75,115

由比ガ浜4丁目

稲村ヶ崎駅

鎌倉海浜公園

P.13,21,74 鎌倉創作和菓子 手毬 📷

相模湾

P.95 鎌倉漁業協同組合の朝市

6

A　鎌倉パークホテル　市営プール前　B　C

D

E

F　↑北鎌倉駅

P.109
CHABAKKA
TEA PARKS

● exotica soup &
bar
● 紀ノ國屋

鎌倉水道
営業所事務所

鎌倉駅

東急ストア

もとまち
ユニオン

法務局分局
鎌倉税務署

市役所通り

鎌倉児童ホーム

佐助

鎌倉市役所

御成町

P.14-15 小町通り周辺

御成通り

1

P.9,48,108 THE GOOD GOODIES

御成小

P.9,49 Régalez-Vous

御成中

P.46,108 GELATERIA SANTi

御成小前

中央図書館

福祉センター
社会福祉協議会

今小路

佐助

ふれあい鎌倉
ホスピタルク

P.40,104
朝食屋コバカバ

P.51 ぐるぐるべるぐる

鎌倉市
笹目町

御成中入口

P.85,108 ピエニ・クローネ

P.94 鎌倉市農協連即売所

P.95 三橋食品

P.94 PARADISE ALLEY BREAD & CO.

P.94 ヨリドコロ レンバイ市場店

P.94 北鎌倉燻製工房

由比が浜教会 ✝

AWkitchen GARDEN 鎌倉

六地蔵

P.94

P.109 PHO RASCAL

ガード下

P.108
SLOW KAMAKURA

(311)

P.22,36

下馬
四ツ角

下馬

ハリス記念
幼稚園

やまか

鎌倉
はまなみ

P.108
Bistro Ampersand

P.87,89 コトリ

P.109

横須賀線・湘南新宿ライン

逗子駅

吉屋信子記念館

P.97 井上蒲鉾店 由比ガ浜本店

P.44 茶房 空花

和田塚駅

〒由比ヶ浜郵便局

鎌倉彫工芸館

由比ガ浜駅

由比ガ浜

江ノ島電鉄

鎌倉
第一小

小学校前

体育館

えんま堂

P.155 GROVE鎌倉

鎌倉女学院高・中

鎌倉署

病院前

ヒロ病院

2

一ノ鳥居

若宮大路
公園

若宮大路

上河原

八幡宮

保健福祉事務所

かいひん荘鎌倉

鎌倉 松原庵

KKRわかみや

和田塚入口

鎌倉海浜公園

海浜公園前

海岸橋

地域医療センター

材木座

裁判所

鎌倉署

ブルー鎌倉

滑川橋

滑川

Squeeze材木座 P.51,119

材木座5丁目

材木座
浜郵便局〒

P.51,119 アコテ材木座

P.118
GOOD MORNING ZAIMOKUZA

P.119 九品寺

3

P.77,118 材木座海岸

(134)

材木座

D

E

F

卍龍口寺

A

藤沢市
片瀬

B

卍

C

新鎌倉山2番

卍龍口寺

新鎌倉山3番

卍 御菓子司 扇屋 P.23

P.50 KOMOPAN

鎌倉市
腰越

304

江ノ島駅

江ノ島電鉄

新鎌倉山3番

神戸川

P.30
野菜フレンチ Suzu

1

P.21,47イグル氷菓

亀井

卍本龍寺

卍東漸寺

P.76 HALE surf

本行寺卍
腰越駅

卍妙典寺

卍勧行寺

SHONAN PHOTO
CAFÉ P.37

P.43 鎌倉 松原庵 青

腰越海岸

HOTEL AO
KAMAKURA
P.8,148

腰越橋

134

腰越駅

卍満福寺

鎌倉高校前駅

七里ガ浜浄化センター

しらすや 腰越漁港前店 P.34

P.117 腰越漁港

卍浄泉寺

鎌倉広町緑地

七里ガ浜小

P.95 腰越漁業協同組合の朝市

腰越漁港

卍霊光寺

腰越

0   100m

卍小動神社

小動

小動

雨乞の池

2

腰越

藤沢養護鎌倉分教室
鎌倉高

七里ガ浜

行合橋

行合通り

鎌倉リハビリテーション
聖テレジア病院

かもめ
公園

鈴木病院

腰越駅

鎌倉高校駅前の踏切 P.116

田辺公園

P.37 HIRANO

鎌倉高校前駅

134

P.116
Amalfi DELLA SERA

七里ヶ浜駅

鎌倉高校前

卍顕証寺

七里ヶ浜駅

峰ヶ原

リストランテ・アマルフィ

7

七里ヶ浜

P.77,117七里ヶ浜海岸

行合橋

P.29 bills 七里ヶ浜

行合橋

3

相模湾

A

B

C

D

E

F

N

鎌倉山さくら道

旭橋

高砂

鎌倉山

鎌倉山神社 🏮

東5丁目北
公園

1

つつじ
公園

アカシヤ並木坂

配水池 ●

奥七里通り坂

富士見坂

奥七里通り

正福寺公園

● INAMORI

鎌倉市
七里ガ浜東

日本料理 虹 ●

夕日ガ丘通り

奥稲村

正福寺坂

夕日ガ丘通り

東3丁目
公園

熊野権現社 🏮

郵便局通り

西通り

〒七里ガ浜局

東通り

田辺町

〒七里ガ浜小入口 🏮

極楽寺

2

七小通り

西友 ●

AWANOUTA ●

🏮 DRAQUIRE P.39

奥稲村通り

東2丁目
公園

Pacific BAKERY P.51,117

🏮 五條 P.35

稲村ヶ崎びわ公園 ●

朝日通り

七里ガ桜のプロムナード前

潮騒通り

稲村ガ崎

七里ガ浜ゴルフ場 ●

kaina ●

鎌倉駅

七里ガ浜高

潮騒通り

(E)2102 ●

西田幾多郎博士記念館
（寸心荘） ●

日本料理 吟 ●

七里ガ浜高

不織庵 ●

鎌倉プリンスホテル P.148

P.37,40,97 ヨリドコロ 🏮

七高正門前

江ノ島電鉄

リチャード・ル・ブーランジェ＋カフェ ●

稲村ヶ崎駅

十一人塚 ●

P

〒稲村ガ崎局 極楽寺橋

🏮 Pacific DRIVE-IN 七里ヶ浜 P.28

池田丸 ●

稲村ヶ崎温泉 ●

姥ヶ谷

稲
村
ヶ
崎

稲
村
ヶ
崎
駅
入
口

稲村ヶ崎駅前

P

134

P.38 TAVERNA RONDINO 🏮

音無橋

P.117
鎌倉海浜公園 📷

3

稲村ヶ崎

北鎌倉

0 50 100m

N

大船駅
〒小坂局
八雲神社

雲頂庵卍
白雲庵卍
舎利殿

臨時口

北鎌倉駅

富陽庵卍

寿徳庵
妙香池

航 北鎌倉
COTONOHA

いろは寿司

P.31,123 ブラッスリー航

P.70,120 円覚寺

白雲庵

松嶺院卍

仏殿
大方丈

北鎌倉 樂カフェ

白山大権現

路考庵

P.20,92,124 マヤノカヌレ

侘助

西口

果実大福 華菱
鎌倉本店 P.92
東口

P.21,122 香 下庵茶屋

山門
蔵六庵

総門

北鎌倉駅前
北鎌倉
下馬池

帰源院卍

北鎌倉古民家ミュージアム P.125

Kochia

北鎌倉女子学園高・中

茶房 花鈴 P.122

茶飯事 P.124

松ヶ丘文庫

東慶寺卍

吉野

P.123 AKIZUKI

Verve Coffee 北鎌倉店

鉢の木

明月院

鎌倉五

用堂女王墓

稲荷大明神

山之内東瓜ヶ谷緑地

P.121 浄智寺

蓮依

鎌倉市
山ノ内

横須賀線・湘南新宿ライン

たからの窯

P.80 葛原岡・大仏ハイキングコース
（浄智寺入口）

ビストロ ラ・ペクニコヴァ

梶原

P.81 葛原岡神社

海蔵寺卍

パン工房くるみるく

codaca's bagles

P.81 源氏山公園

鎌倉駅

正続院
卍黄梅院

D

E

F

吉が沢公園

鎌倉湖畔通り

1

今泉台

如意庵

一瑞泉寺方面

石かわ珈琲

雷

天園ハイキングコース（今泉台入口）

Sissy's ● 明月窯

Isayah

風花

月笑軒

明月川

天園ハイキングコース
（今泉台入口）

祥明美術館
● 北鎌倉 紫 –ゆかり–

瓶ノ井

明月院 P.13,14,62,68,120

P.81 天園ハイキングコース（建長寺入口）

半僧坊

シトロン

甘露や

2

鎌倉ぬふいち

虫塚

回春院卍

上町●

去来庵

天源院卍

正統院

正受庵

大覚池

龍峰院卍

Cafe evergreen

雷神堂

宝珠院卍

方丈 ●

得月院

利尊氏の墓 ●

鎌倉街道

長寿寺卍

茶屋
かど

鎌倉学園高・中

建長寺

建長寺 P.14,15,58,120

仏殿

三門

禅居院卍

総門

卍妙高院

西来庵

点心庵 P.125

亀ヶ谷坂切通

P.64 円応寺

巨福呂坂洞門

3

扇ガ谷

21

雪ノ下

鎌倉とも乃

薬王寺

巨福呂坂切通
アルピコッカ

巨福呂坂

レストラン Valencia

妙伝寺

近代美術館鎌倉別館
（休業中）

D

E

F

11

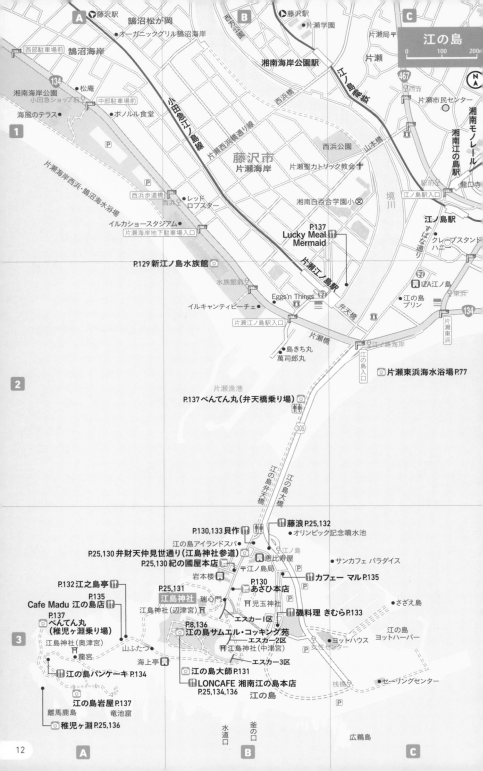

江の島

0　100　200m

A
藤沢駅
鵠沼松が岡
オーガニックグリル鵠沼海岸
鵠沼海岸
西部駐車場前

B
藤沢駅
片瀬学園
片瀬局〒
片瀬

C
湘南海岸公園駅
片瀬
467
片瀬市民センター
湘南江の島駅
湘南モノレール

134
松庵
中部駐車場前
小田急江ノ島線
西浜橋
西浜公園
山本橋
龍口寺

湘南海岸公園
海風のテラス
小田急ショップ前
ボノルル食堂
片瀬海岸
片瀬聖カトリック教会✝
境川
江ノ島駅入口
江ノ電駅前

1

藤沢市
片瀬海岸
湘南白百合学園小⊗

片瀬海岸西浜・鵠沼海水浴場
西浜歩道橋
西浜
レッド
ロブスター
P.137
Lucky Meal
Mermaid
すばな通り
クレープスタンド
ハニー

イルカショースタジアム
片瀬海岸地下駐車場入口
江ノ電駅

P.129 新江ノ島水族館
水族館前
片瀬江ノ島駅
IZA江ノ島
江の島
プリン

イルキャンティビーチェ
Eggs'n Things
弁天橋
東浜
134

2
片瀬江ノ島駅入口
片瀬橋
片瀬東浜

島きち丸
萬司郎丸
江の島入口
江ノ島海岸
片瀬東浜海水浴場 P.77

片瀬漁港
P.137べんてん丸(弁天橋乗り場)

305

江の島弁天橋
江の島大橋

藤浪 P.25,132
P.130,133 貝作
オリンピック記念噴水池

江の島アイランドスパ
P.25,130 弁財天仲見世通り(江島神社参道)
P.25,130 紀の國屋本店
恵比寿屋
江ノ島局〒
サンカフェ パラダイス

P.132 江之島亭
Cafe Madu 江の島店 P.135
岩本楼
P.130
あさひ本店
カフェー マル P.135

P.137
べんてん丸
(稚児ヶ淵乗り場)
P.25,131
江島神社
瑞心門
児玉神社
磯料理 きむら P.133

江島神社(辺津宮)
エスカー1区
さざえ島

江島神社(奥津宮)
P.8,136
江の島サムエル・コッキング苑
エスカー2区
江の島
ヨットハーバー

3
山ふたつ
海上亭
エスカー3区
江島神社(中津宮)
ヨットハウス

龍宮
江の島パンケーキ P.134
江の島大師 P.131
女性センター

離馬鹿島
江の島岩屋 P.137
竜池窟
LONCAFE 湘南江の島本店
P.25,134,136
江の島
桟橋
セーリングセンター

稚児ヶ淵 P.25,136
水道口
釜の口
広鷭島

12

A
B
C

STAY

読めば快晴 ⚲ ハレ旅STUDY

\ スマホやPCで！/

ハレ旅 鎌倉 江の島
電子版が無料！

購入者限定

FREE

無料アプリ honto で今すぐダウンロード

詳しくは→ P.160

どこで何ができるの？

夢を叶えるエリアをリサーチ

鎌倉市は南を相模湾、北をなだらかな山々に囲まれている。エリアによって風景もがらりと変わり、それぞれに楽しみが。各エリアの特徴を把握して、行きたい場所を決めて。

KAMAKURA MAP

海沿いエリアと街なかエリア、山間エリアにざっくり分かれる。

タウン別バロメータ

これを見れば何がイチオシか早わかり！エリアの特性をつかもう。

♫ 遊ぶ
🛒 買う
🍴 食べる
✦ 磨く
📷 観光する

あの鎌倉大仏があるのはココ！

長谷 由比ヶ浜 >>>P.112
（はせ ゆいがはま）

「花の寺」として有名な長谷寺、鎌倉大仏がある高徳院がある。メインストリートの長谷通りにはカフェやレストラン、ショップが集結。少し歩けば由比ヶ浜海岸でのビーチ散策も。

高徳院で鎌倉大仏を参拝

相模湾に浮かぶ橋で渡れる島

江の島 >>>P.128
（えのしま）

江島神社に参拝する人でにぎわう。展望塔のシーキャンドルなど観光スポットや、魚介料理の店、オーシャンビューのカフェもあり、一日楽しめる。富士山やサンセットなど、絶景スポットも多数。

相模湾にぽっかりと浮かぶ

▲鎌倉山

上野東京ライン
藤沢駅
石上駅
鵠沼駅
江ノ島駅
片瀬江ノ島駅
腰越駅
七里ヶ浜駅
鎌倉高校前駅
稲村ヶ崎駅
湘南モノレール

サンセットも楽しみ♪

お散歩が楽しい海沿いエリア

七里ヶ浜 稲村ヶ崎 >>>P.116
（しちりがはま いなむらがさき）

海岸線沿いにのびる国道134号線沿いにオーシャンビューのレストランやカフェが多いエリア。江ノ電も海沿いを走り、車窓からの海ビューが素敵。七里ヶ浜の西にある腰越は、漁港のあるローカルな雰囲気が魅力。

海沿いの国道134号線

知っ得 鎌倉の基礎知識

■ 東京から	電車で約1時間 車で約1時間30分（→P.150）
■ 主な交通手段	徒歩、電車、バス（→P.152）
■ ベストシーズン	3～4月、6月、11～12月 春は桜、初夏は紫陽花、秋は紅葉で知られる
■ 観光	歴史ある社寺が多くある
■ 景観	ゆるやかな山々、湘南の海

歴史ある名刹が見どころ
北鎌倉 >>>P.120
きたかまくら

山に囲まれた自然豊かな場所に、円覚寺や建長寺などの鎌倉時代に創建された古刹が多い歴史あるエリア。北鎌倉駅や鎌倉街道沿いには和食店やカフェが集っている。

紫陽花の名所でもある明月院

鎌倉で押さえるべきキホン

キホン❶
移動は徒歩＆電車。フリーパスも活用して
移動は徒歩か電車がメイン。電車がない場所には路線バスで。交通費がお得になるフリーパス（→P.153）も。

キホン❷
人気のレストランやカフェは行列必至！
いつでも観光客でにぎわう鎌倉。特に週末は混み合うので、目当てのランチスポットは予約しておこう。

キホン❸
日没以降は店じまい。早朝からスタートが吉
寺院の拝観時間が終わる16〜17時頃になるとカフェやショップも店じまい。早めに1日をスタートして。

鎌倉大仏は必見！

鶴岡八幡宮にお参り♪

北鎌倉駅

JR横須賀線

金沢街道

鎌倉駅

長谷駅

和田塚駅

由比ヶ浜駅

極楽寺駅

材木座

逗子＆葉山

鶴岡八幡宮を中心ににぎわう
鎌倉駅周辺 >>>P.100
かまくらえきしゅうへん

JRと江ノ電の駅がある、鎌倉の玄関口。鶴岡八幡宮の参道でもある若宮大路はカフェやショップが集まる目抜き通り。若宮大路と平行にのびる小町通りも店が多く、いつも多くの人でにぎわう。

鎌倉のシンボルの1つ、鶴岡八幡宮

ローカルな空気漂う海沿いエリア
材木座 >>>P.118
ざいもくざ

鎌倉駅の南にあり、かつて木材が集まる港として栄えた地域。海沿いにはカフェやサーフショップが。材木座海水浴場は波が穏やかで遠浅なので、マリンアクティビティが盛ん。

夏は海水浴場としてにぎわう

ショートトリップ♪
逗子・葉山 >>>P.138、142
ずし・はやま

逗子・葉山は鎌倉駅からひと足のばした三浦半島の付け根に位置する。高級別荘地として知られ、海沿いはリゾート感あふれる雰囲気が素敵。カフェやレストランも多い。

海沿い散歩が楽しい葉山

BESTな時間にBESTな体験！

2日間で鎌倉を楽しむモデルプランで

1日目

AM

9:00 鎌倉駅
🚶 徒歩約10分

9:30
①鶴岡八幡宮
→P.18
〈所要約1時間〉

🚶 徒歩約5分

11:00
②小町通り&若宮大路
→P.100、104
〈所要約1時間〉

├ 鎌倉そらつき→P.53
├ 豊島屋 本店→P.90
└ WELKAM→P.89

🚶 徒歩すぐ

PM

12:00
③小町通りでランチ
〈所要約1時間〉

├ OXYMORON
└ komachi→P.102

🚃 電車約5分

1:30
④北鎌倉
→P.120
〈所要約1時間〉

├ 建長寺→P.58
└ 明月院→P.62

🚶 徒歩約15分

3:00 北鎌倉駅
〈所要約1時間〉

├ マヤノカヌレ
└ →P.92

まずは王道♪
鎌倉駅周辺＆北鎌倉

鎌倉の玄関口である鎌倉駅の周辺には、人気のカフェやショップが。鶴岡八幡宮へも歩いて行ける。お寺めぐりなら北鎌倉へ。

SIGHTSEEING

①鎌倉のシンボルの1つ、鶴岡八幡宮をお参りする

鎌倉時代に幕府の中枢に置かれた鶴岡八幡宮。広い境内にお社が点在。

POINT
鎌倉駅周辺の移動は徒歩が基本。カフェなどひと休みスポットも多い。

現在の本宮は徳川家斉が造営

SHOPPING

②小町通り&若宮大路でお買い物

カフェやショップ、レストランなどがひしめき合う。おみやげ探しはここで。

鎌倉銘菓の鳩サブレーは外せない

大仏モチーフのユニークなグッズも

LUNCH

③小町通りの人気店でランチ

人気店のランチタイムは激混み。あらかじめ行きたい店に目星をつけておいて。

SIGHTSEEING

④お寺めぐりが楽しい北鎌倉へ

歴史ある寺院が集まる北鎌倉。境内が広いお寺は見学にも時間がかかる。

紫陽花がキレイな明月院

POINT
社寺の拝観時間は16〜17時頃で終了する所が多いので、午後遅い時間は要注意。

CAFE

⑤北鎌倉駅近くのカフェで休憩

お寺めぐりはたくさん歩くので、休憩できるカフェもチェックしておくと吉。

見どころ満載の鎌倉を満喫するには2日間は必要！旅を最大限に楽しむため、効率良く回るスケジュール作りが重要。旅のプランの参考にしてみよう。

鎌倉のめぐり方

鎌倉駅周辺は徒歩、北鎌倉や海沿いエリアへは電車でアクセス。路線バスも市内を網羅している。山に囲まれているため道は細く、地元住民も多いので、車は渋滞しがち。徒歩・電車・路線バスを活用して。

主な移動手段
◎電車　○路線バス　△タクシー

江ノ電沿線SPOTをホッピング♪

鎌倉駅から海沿いを走り、江の島までアクセスできる江ノ電。沿線にも見どころが多いので、途中下車しながら楽しんで。

SIGHTSEEING

①鎌倉大仏に会いに行く！

高徳院にある大仏さまは国宝！11m以上ありその大きさに圧倒される。江ノ電の長谷駅から歩いて行ける。

CAFE

②おやつは鎌倉らしいスイーツ

メインストリートの長谷通り周辺に、大仏さまモチーフのスイーツの店も。

SIGHTSEEING ｜ LUNCH

③七里ヶ浜をお散歩＆オーシャンビューランチ

江ノ電に乗っていよいよ海沿いエリアへ。江の島や富士山も見える七里ヶ浜周辺でランチタイム。

SIGHTSEEING

④江ノ電と海の写真を撮るなら鎌倉高校前駅へ！

海を背景に走る江ノ電の写真を撮れる。鎌倉高校前駅付近が撮影スポット。ベストビューなポイントを探そう。

SIGHTSEEING

⑤ひと足のばして江の島を探検！

さらに江ノ電に乗って江の島駅まで。島内の移動は徒歩のみで、坂や階段が多い。

> 夏は海水浴場として人気！

POINT

江ノ電を乗り降りするならフリーパスで。路線バスでも使えたり、飲食店で優待サービスがあるものも。

おやつは貝殻の形をしたアイスもなか♪

2日目

AM

9:00　長谷駅
🚶　徒歩約7分

9:30
①高徳院（鎌倉大仏）
→P.54
＜所要約30分＞
🚶　徒歩約5分

10:00
②KANNON COFFEE kamakura
→P.113
＜所要約30分＞
🚃　電車約10分

11:00 七里ヶ浜駅
〈所要約1時間〉
　③七里ヶ浜
　→P.116
　③Pacific DRIVE-IN 七里ヶ浜→P.28
🚃　電車約5分

PM

12:30
④鎌倉高校前駅
→P.23
＜所要約30分＞
🚃🚶　電車＆徒歩約20分

1:30
⑤江の島
→P.128
＜所要約3時間＞
　紀の國屋本店
　→P.130
　江島神社
　→P.131

フリーパスはいくつか種類がある。P.153でチェックして、最適なものをチョイスして。

7

HARETABI NEWSPAPER

大河ドラマで盛り上がる観光スポットや、SNSで話題沸騰中のニューオープンのホテル＆スイーツ店など、今鎌倉で最も注目されるトピックスをチェック。

TOURISM

鎌倉＆江の島に新施設がオープン！

二大人気エリアの新名所へ

鎌倉を舞台にした大河ドラマのミュージアム＆パワーアップした江の島のあの名所へGO。

2022年3月OPEN

©鶴岡八幡宮

重臣ゆかりの地をめぐるガイドツアーも開催

2021年12月RENEWAL

敷地内は南国植物など緑豊か

あの歴史ドラマの世界に浸る

鎌倉殿の13人 大河ドラマ館

かまくらどのの13にん たいがドラマかん

2022年のNHK大河ドラマ『鎌倉殿の13人』の世界観が楽しめるミュージアム。鶴岡八幡宮境内にオープン。

🏠鎌倉市雪ノ下2-1-53 鎌倉文華館 鶴岡ミュージアム（鶴岡八幡宮境内）☎0467-39-5306（鎌倉殿の13人 大河ドラマ館 入場券販売管理センター）⏰9:30～17:00（最終入館16:30）休無休（展示替休館日除く）￥1000円（鎌倉国宝館・鎌倉歴史文化交流館入場無料特典あり）🚃JR・江ノ電鎌倉駅から徒歩10分 🅿Pなし

鎌倉駅周辺 ▶MAP 別 P.5 E-1 ※2023年1月9日まで

満を持して新エリアが解禁！

江の島 サムエル・コッキング苑

えのしまサムエル・コッキングえん

江の島のランドマークである植物園、江の島サムエル・コッキング苑に、「温室遺構展示体験棟」がオープン。イギリス人貿易商の別荘だった明治時代の遺構を公開し、歴史資料を展示している。

>>>P.136

STAY

"鎌倉は泊るとこ"が新常識!? ニューオープンホテルが続々

注目ホテルがオープン

日帰り客が多い鎌倉だが、泊りたくなるホテルが次々に登場している。

2021年3月OPEN

ローカルな腰越に開業

HOTEL AO KAMAKURA

ホテル アオ カマクラ

海＆江の島を望むスモールラグジュアリーホテル。洗練されたデザインが魅力で、併設のダイニングも評判が高い。>>>P.148

2020年11月OPEN

駅チカの和モダンホテル

KAMAKURA HOTEL

カマクラ ホテル

お茶がテーマの貸し切りのサウナが話題。鎌倉らしい和の空間でカジュアルステイを楽しめる。>>>P.146

2020年4月OPEN

鎌倉のど真ん中にオープン

ホテルメトロポリタン鎌倉

ホテルメトロポリタン かまくら

若宮大路の鳥居を望む、絶好のロケーションが魅力。無印良品のレストランを併設している。>>>P.147

EAT 上陸系から大仏系まで？ 鎌倉最新スイーツ2022

スイーツラバーが熱視線♡

鎌倉駅周辺はスイーツ店がオープンラッシュ。デザートレストランからテイクアウトまで。

2021年8月OPEN

イチゴ＆ローズ
が主役のパフェ

ローズパフェ
1500円

©中川正子

2021年9月OPEN

パリ左岸のスフレ
3000円（ドリンク付き）

お花がテーマのカフェ
フラワー
パワーカフェ

お花であふれる店内で、エディブルフラワーやフルーツを使った色鮮やかなスイーツを提供。
>>>P.101

贅沢スイーツならココ
Régalez-Vous
レガレヴ

パリ発の本格デセールを味わえる「レストランデザートの店」。日本初上陸の「パリ左岸のスフレ」に虜になる人が続出！ >>>P.49

EAT ひそかなブーム？鎌倉の コーヒーが気になる！

ロースタリーカフェに注目が！

店内でコーヒー豆を焙煎する、おしゃれな本格派カフェが増加中。

地元民にも愛されるコーヒーショップ
THE GOOD GOODIES
ザ グッド グッディーズ

鎌倉のコーヒースタンドの先駆け的存在。自家焙煎のコーヒーを一杯ずつハンドドリップで淹れて提供している。

🏠鎌倉市御成町10-1 ☎0467-33-5685 🕐8:00～18:00
休水曜 🚉JR・江ノ電鎌倉駅から徒歩1分 🚗Pなし

`鎌倉駅周辺` ▶MAP 別P.7 F-1　　　　>>>P.48

カリフォルニアから上陸！
VERVE COFFEE ROASTERS
ヴァーヴ コーヒー ロースターズ

米カリフォルニアのロースタリーが鎌倉に上陸。ハンドドリップのほかコールドブリューやエスプレッソなど多彩なコーヒーを広い店内で味わえる。北鎌倉店もある。

🏠鎌倉市雪ノ下1-10-18 ☎0467-84-8851 🕐7:00～18:00 休無休 🚉JR・江ノ電鎌倉駅から徒歩7分 🚗Pなし

`鎌倉駅周辺` ▶MAP 別P.15 E-3　　　　>>>P.106

HARETABI NEWS

9

HOW TO
鎌倉「4つ」の事件簿

交通アクセスやお寺の拝観、道路の混雑などなど。鎌倉で起こりがちなトラブルをチェックして回避！

🔍 事件ファイル①

混雑しすぎてランチ難民…
観光スポットにも行列が！

週末、そして桜・紫陽花・紅葉の季節は、特に観光客でごった返す。人気店ではランチタイムに入店するまで1〜2時間待ちなんてことも。そうこうしているうちにお昼が過ぎて、午後の予定が台無し…というのは"鎌倉あるある"。紫陽花シーズンの明月院は境内の外まで長い行列ができるなど、観光スポットも油断できない。

解決！

ハイシーズンは余裕を持ったプラン作りを！

3〜4月の桜、6月の紫陽花、11〜12月の紅葉の季節は要注意。寺院の拝観は開門直後が比較的すいていることが多いので、朝イチで到着を。午後は特に混む。

桜の名所	鶴岡八幡宮（鎌倉駅周辺）	→P.18
	長谷寺（長谷）	→P.56
	高徳院（鎌倉大仏）（長谷）	→P.54
紫陽花の名所	明月院（北鎌倉）	→P.62
	長谷寺（長谷）	→P.56
紅葉の名所	長谷寺（長谷）	→P.56
	建長寺（北鎌倉）	→P.58
	明月院（北鎌倉）	→P.62

レストランは予約ができるか確認を

ランチは特に、早めに席の予約をすると安心。予約を受け付けていない店もある。時間が押してもいいように、余裕のあるスケジュールを立てよう。

🔍 事件ファイル②

天気がいいのでビーチでピクニックしていると…
トンビに食べ物を奪われた！！

上空を飛び回ってエサを探すトンビが多数。食べ物を見つけると急降下して、手に持っているものでもあっという間に奪われる。それは一瞬の出来事…。

解決！

海沿いエリアは特に注意

開けた場所はトンビにとって狙いやすい場所。ビーチで食べ物を取り出すと高確率で狙われるので、トンビが集まっていないか確認を。

障害物がある場所が吉

カフェのテラス席でも、パラソルがあったり壁のすぐそばなど障害物のある場所のほうが安心。トンビから見えない＆奪いにくい場所取りを。

🔍 事件ファイル③

車でラクラク回ろうとしたら めちゃくちゃ渋滞している！

都内から鎌倉までは車で約1時間30分とアクセスしやすい場所にあるが、問題は鎌倉市内。山に囲まれているため、道幅が狭い一車線の道路が多いうえ、路線バスも多い。観光シーズンでなくても地元住民やサーファーなど車を使う人が多いので、すぐに渋滞が発生する。お店の駐車場もコインパーキングも満車で車を停められない、といった問題も！

解決！

激混みエリアを事前にチェック

特に海沿いを走る国道134号線、鎌倉駅・長谷駅周辺の街なかは、地元住民も使う道路なので渋滞しがち。マイカーで回るのではなく、必要なときだけタクシーに乗るのも手。

🚕 タクシーを呼ぶなら

●配車アプリを活用
鎌倉市内では「GO」「S.RIDE」などの配車アプリが使える。

●タクシー会社にTEL
タクシー会社に直接電話する方法も。主なタクシー会社は下記のとおり。
京急タクシー　☎0467-44-2214
KGグループ　☎0467-31-0101

電車を賢く利用するのが◎

結局一番便利なのは、時間も正確な電車。乗り放題のフリーパスもあるのでチェックして。ただし江ノ電は約12分に1本の頻度で車両が少ないので混雑することも。詳しくは→P.152へ

フリーパス早見表

フリーパス名	使える路線	料金	鎌倉メイン	江の島メイン	鎌倉・江の島両方
のりおりくん	江ノ電	650円	◎		◎
江の島・鎌倉フリーパス	江ノ電・小田急線	新宿から1640円	○	○	◎
鎌倉フリー環境手形	江ノ電・京急バス	900円	◎		
1日フリーきっぷ	湘南モノレール	610円		◎	

🔍 事件ファイル④

昼からのんびり半日観光！ 17時過ぎたら誰もいなくなった…

日帰りの観光客が多いので、夕方以降は急に人が少なくなる。寺院の拝観時間が終わる16〜17時以降は店もクローズするので、おみやげを買い損ねた、なんてことも!?

解決！ 朝からスタートするプランを練る

社寺は早朝から開門するので、早めのスタートするに超したことはない。特に冬季は店・寺院共にクローズが早まるところが多い。

主な見学時間＆営業時間

社寺	8:00〜17:00頃
カフェ	10:00〜18:00頃
ショップ	10:00〜18:00頃

11

四季折々に見どころが！
鎌倉の花風景をお散歩

四季の花カレンダーをチェック！>>>P.26

鎌倉に行くなら、ベストな時期にベストな場所へ！
一度は訪れたい花の名所をチェックして、鎌倉の四季を感じてみては？

山の斜面に広がる眺望散策路はまるで紫陽花に包まれてるみたい

紫陽花 （あじさい） 見頃6月

定番の長谷寺や明月院はじめ、紫陽花の名所が多い鎌倉。山に囲まれた北鎌倉と平地エリアでは、見頃が少し異なるので注意。

見頃になると紫陽花で埋めつくされる眺望散策路は「あじさい路」と呼ばれている

🚩 見頃：5月下旬〜7月上旬

長谷寺
はせでら

境内の眺望散策路に、40種類以上、約2500株の紫陽花が咲き誇る。開門と共に多くの参拝者が訪れるので、早朝がおすすめ。>>>P.56

境内の見どころはココ

長谷観音
観音堂に鎮座する、本尊の十一面観音菩薩への参拝もお忘れなく。

Photo Spot
📷 **お堂の屋根と紫陽花を一緒に**

おすすめの撮影ポイントは、お堂の屋根と紫陽花がコラボする眺望散策路の終盤！

休憩するなら

海光庵
境内にはひと休みできる食事処も。海を見下ろす絶景スポット。>>>P.73

💠 こちらの花風景もステキ

「花の寺」の別名を持つ長谷寺には四季折々の花が。紫陽花に次ぐ人気は紅葉シーズンで、夜はライトアップも行われる。

桜	3月下旬〜4月上旬
ボタン	4月中旬〜5月上旬
紅葉	11月下旬〜12月中旬

HIGHLIGHT

花風景

着物旅

必見神社

スイーツ

江ノ電

江の島

北鎌倉の名刺で"明月院ブルー"を写真に収める

見頃：6月上旬〜下旬

明月院
めいげついん

「あじさい寺」の名前で親しまれる明月院では、戦後に植えられた"姫紫陽花"が境内の小径の両脇に咲きそろい、散策が楽しい。シーズン中は混雑必至！ >>>P.62

境内の見どころはココ

本堂
「悟りの窓」と呼ばれる円窓から、後庭園を望む。

姫紫陽花は濃い青色が特徴。「明月院ブルー」と呼ばれ愛されている

こちらの花風景もステキ

紫陽花とほぼ同時期に見頃を迎えるハナショウブは、本堂の裏手にある後庭園に咲く。後庭園は見頃の時期に特別公開される。
ハナショウブ　6月上旬〜中旬

Photo Spot

両側に紫陽花が咲く石段はマスト！
一番の撮影スポットは、総門から山門までの間に続く石段。紫陽花に囲まれるベストショットを狙ってみて。

線路脇に紫陽花が咲くベストスポットを探す♪

Photo Spot

長谷駅から極楽寺駅の間が狙い目
線路脇に紫陽花が多いのは、長谷駅から極楽寺駅の間。長谷駅から線路沿いを歩いてベストな場所を探して。

見頃：6月

江ノ電沿線
えのでんえんせん

鎌倉中心部から江の島、藤沢までを結ぶ江ノ島電鉄（通称・江ノ電）。線路沿いに紫陽花が咲く鑑賞ポイントが点在しており、江ノ電と紫陽花のコラボを写真に収められると人気。 >>>P.22

周辺の見どころはココ

トンネルと江ノ電
長谷駅と極楽寺駅の間にあるレンガ造りの極楽寺トンネルも、人気の写真スポット。

WHAT IS

紫陽花モチーフの期間限定グルメ

花の見頃に合わせて登場する"紫陽花スイーツ"も旅の楽しみ！

鎌倉創作和菓子 手毬の和菓子
青や紫のグラデーションが美しい紫陽花の練り切り。予約必須で、1個540円〜。 >>>P.74

甘味処 こまち茶屋のかき氷
紫陽花氷1480円。ふわふわの氷にレモンシロップをかけると、青から紫へと色が変わる。 >>>P.49

北鎌倉は明月院のほか、建長寺（→P.58）や浄智寺（→P.121）など紫陽花の名所が多数。

境内各所で見られる紅葉は空を覆いつくすような壮大さ！

🚩 見頃:11月下旬〜12月上旬

建長寺
けんちょうじ

広大な敷地を誇る建長寺では、境内各所で木々が色づくので散策が楽しい。方丈から半僧坊に続く参道はイチョウやモミジでアーチのように。>>>P.58

境内の見どころはココ

法堂
天井に描かれた雲龍図は必見。境内は国の史跡に指定されている。

 Photo Spot **境内の最奥にある半僧坊**
一番の見どころは奥院の半僧坊。境内は高低差があるので長期間楽しめる。

紅葉（こうよう）　見頃11〜12月

自然の中に造られた社寺が多数あるため、紅葉の名所も数え切れないほど！特に北鎌倉や金沢街道など、自然の多いエリアはダイナミックな景観が魅力。

🚩 見頃:12月

明月院
めいげついん

紫陽花で知られるが、紅葉も絶景。イチョウやイロハモミジ、ヤマモミジが境内を彩り、行列ができるほどの大人気。混雑のピークは午後なので早朝が吉。>>>P.62

境内の見どころはココ

本堂
"悟りの窓"と呼ばれる円窓。後庭園から見ても美しい。

"悟りの窓"から錦秋の日本庭園を望む

 Photo Spot **本堂の円窓越しに楽しむ**
本堂の円窓から望む錦秋の後庭園は一幅の絵画のよう。後庭園はシーズン中、特別公開されるので必見。

黄金色に染まる庭園へ

 Photo Spot **カフェから紅葉を眺める！**
併設のかふぇ楊梅亭から庭園を望むことができる。滑川に沿って続く紅葉の小径も見どころ。

🚩 見頃:11月〜12月上旬

一条恵観山荘
いちじょうえかんさんそう

皇族の別荘として造られた国指定重要文化財の建物が見どころ。敷地内全体の木々が色づき、歴史的建造物と紅葉の風情ある景色を楽しめる。>>>P.79

境内の見どころはココ

一条恵観山荘
江戸時代の建物を移築。内部の見学も可能。(先着順・要予約)

HIGHLIGHT

花風景

着物旅

必見神社

スイーツ

江ノ電

江の島

美男の大仏さまと
ソメイヨシノのコラボ！

© 鎌倉市観光協会

桜　見頃 3〜4月

古都の情緒あふれる社寺や桜の並木道など、お花見スポットをチェック。ソメイヨシノだけでなくヤマザクラや河津桜も。

🚩 見頃：3月下旬〜4月下旬

高徳院
こうとくいん

大仏さまが鎮座する高徳院では、仏像の周囲にめぐらされた回廊が桜で彩られる。境内奥の観月堂の周辺にも桜の木があり、境内の各所で花見を楽しめるとして人気が高い。 >>>P.54

📷 **Photo Spot**
大仏さまの正面から撮影！
「鎌倉大仏」こと国宝の銅造阿弥陀如来坐像とソメイヨシノをフレームに収めるのがベスト。

両サイドが桜色に染まる
鶴岡八幡宮の参道を歩く

🚩 見頃：4月

若宮大路
わかみやおおじ

鶴岡八幡宮の参道である若宮大路。道路の中央には段葛と呼ばれる参道があり、約180本のソメイヨシノが連なる並木道になっている。通り沿いにはお店が立ち並び、シーズン中はいっそうにぎやかな雰囲気になる。 >>>P.104

見どころはココ

段葛
並木道は約500m。桜で覆いつくされ、桜の回廊を歩いている気分に。

📷 **Photo Spot**
桜の隙間から鳥居が見える！
鶴岡八幡宮方向にカメラを向ければ、桜越しに朱色の鳥居がのぞき、古都の風情たっぷり。

桜のアーチをくぐって
寺院を参拝

🚩 見頃：3月下旬〜4月上旬

建長寺
けんちょうじ

ソメイヨシノの古木やオカメザクラ、しだれ桜などさまざまな種類の桜が咲き、華やかな雰囲気に。境内奥半僧坊へと向かう参道の桜にも注目して。 >>>P.58

🌸 **こちらの花風景もステキ**

桜のあとに見頃を迎えるボタンやツツジ、紫陽花、蓮など、自然豊かな境内では一年を通して花風景を楽しめる。

ツツジ　4月下旬〜5月中旬
ボタン　4月下旬〜5月下旬

📷 **Photo Spot**
重厚な三門と桜の競演
入口の総門から重要文化財である三門までの参道が一番の見どころ。

HIGHLIGHT 02 TOURISM

手ぶらでOKのレンタルショップが正解！

所要：約6時間

古都の街で着物さんぽしよ♡

憧れの古都を着物で歩きたい！ そんなときは、着物のレンタルショップへ。
神社やグルメスポットが集まる鎌倉駅周辺で、写真を撮りながら散策しよう。

🕊 HOW TO

着物レンタル

歩いて回れるスポットが多い鎌倉駅近くのショップがおすすめ。なかでも「鎌倉着物レンタル 藤」は着物も小物もセンス抜群！

❶ 着物＆帯を選ぶ

生地やデザインが多彩で迷ってしまうほど。コーディネートはお店の人に相談できる。

❷ プロに着付けしてもらう

プロの着付師さんが素早く着付け！ バッグやぞうり、帯留めも多くの中から選べる。

❸ ヘアメイクで仕上げ！

無料のヘアセットはイメージを伝えておまかせで。もちろん髪飾りもレンタルできる。

着付けからヘアセットまで30分で！

鎌倉着物レンタル 藤

かまくらきものレンタル ふじ

ブランド浴衣や正絹の着物まで品ぞろえ豊富。小物も充実しており和モダンなコーディネートもOK。私服や荷物は預かってもらえる。事前に電話で予約を（空きがあれば当日でも）。

- 🏠 鎌倉市雪ノ下1-9-29
- ☎ 0467-24-1750
- 🕙 10:00〜18:00
- 休 火曜 ￥ 4180円〜
- 🚃 JR・江ノ電鎌倉駅から徒歩6分
- Ｐ なし
- 鎌倉駅周辺 ▶ MAP 別 P.15 E-2

徒歩 3分 →

まずは鶴岡八幡宮まで歩いてみる！

赤いお社がフォトジェニックな鶴岡八幡宮をお参り！

早めの時間が吉◎

狛犬もマスク！

「鎌倉着物レンタル 藤」から鶴岡八幡宮は歩いてすぐ。まずは本宮をバックに鎌倉らしい記念写真を。
鶴岡八幡宮 >>>P.18

徒歩4分 ↓

鶴岡八幡宮の参道、若宮大路でランチ

着物で訪れるなら、情緒あふれる老舗が◎

おそばをオーダー！

若宮大路沿いにある手打ちそばのお店でランチ。昭和初期の木造建築を改装した雰囲気のいい空間は、着物旅にもってこい。段葛 こ寿々 >>>P.106

徒歩 5分 →

小町通り周辺をブラブラしてみる

お買い物を楽しみながら、若宮大路から歩いてすぐの小町通りへ。思わず写真を撮りたくなる、かわいいカフェやスイーツのお店が集まっている。

いつでもにぎわう人気ストリート

小町通りを歩いていたらかわいいスイーツを発見！

いちご飴をパクッ

鳩サブレーをおみやげに♪

鎌倉そらつき >>>P.53

豊島屋 本店の脇の小道がステキ！

豊島屋 本店 >>>P.90

↓ 徒歩10分

古民家CAFEでひと休み！

せっかくの着物旅だから、休憩だって素敵な場所がいい

コーヒー＆ケーキで休憩

にぎやかな小町通りから少し歩いて、隠れ家的なカフェへ。築100年の古民家で静かにくつろげる。最後にレンタルショップで着物を返却して帰路へ。燕CAFE>>>P.32

Another Choice

鎌倉駅から車で10分

材木座のお寺で精進料理を体験！

時間があれば、お寺の精進料理ランチを体験してみては？ 着物でならよりいっそう非日常感を味わえること間違いなし！ 移動はタクシーがおすすめ。 光明寺 >>>P.42

光明寺の精進料理 4500 〜 6500円は事前予約制

HIGHLIGHT

花風景

着物旅

必見神社

スイーツ

江ノ電

江の島

約800年の歴史を刻む鎌倉のシンボルのひとつ

まずは鶴岡八幡宮にご挨拶

鎌倉のシンボルのひとつ、鶴岡八幡宮を参拝。緑豊かな境内には、源氏ゆかりの社殿や
ミュージアム、カフェやショップなどが点在し、四季折々の草花が目を楽しませてくれる。

鮮やかな朱色が美しい
源頼朝ゆかりの神社にお参り

鎌倉幕府の守護神を祀る
鶴岡八幡宮
つるがおかはちまんぐう

源頼義が康平6(1063)年、京都
の石清水八幡宮を由比ヶ浜に
祀ったのが始まり。鎌倉幕府の
要として公式行事が執り行われ
たという。本宮(上宮)は国の重
要文化財に指定されている。

🏠鎌倉市雪ノ下2-1-31
☎0467-22-0315 🕐5:00～19:
30(10～3月6:00～)
㊡無休 ㊡参拝自由 🚃JR・江ノ電
鎌倉駅から徒歩10分 🚗P40台
鎌倉駅周辺 ▶ MAP 別P.5 F-1
>>>P.16、68

多くの参拝者でにぎわう参道。両脇には露店も出店している

 WHAT IS

鶴岡八幡宮をもっと楽しむ
年に一度の神事

鶴岡八幡宮では、一年を通してさまざまな神事が行
われている。なかでも代表的なものは下記のとおり。

1月1日 歳旦祭
元日の早朝に行われる年頭の祭儀

2月3日 節分祭
鳴弦の儀や豆まきなどを行う

4月3日 若宮例祭
巫女による萬代の舞を奉奏

4月第3日曜 鎌倉まつり
伝統武芸、流鏑馬を行う

5月5日 菖蒲祭
無病息災を祈念して舞楽を奉納

6月30日・12月31日 大祓
切麻を身に巻いて半年間の罪穢を祓う

9月14～16日 例大祭
流鏑馬神事や神輿の巡行

鶴岡八幡宮
境内MAP

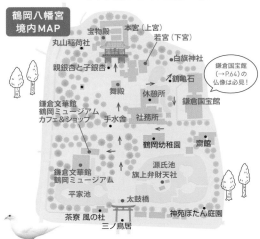

宝物殿
本宮(上宮)
丸山稲荷社
若宮(下宮)
白旗神社
親銀杏と子銀杏 ↑
鶴亀石
鎌倉国宝館
(→P.64)の
仏像は必見!
舞殿
休憩所
鎌倉国宝館
鎌倉文華館
鶴岡ミュージアム
カフェ&ショップ
手水舎
社務所
鶴岡幼稚園
齋館
鎌倉文華館
鶴岡ミュージアム
源氏池
旗上弁財天社
平家池
太鼓橋
茶寮 風の杜
神苑ぼたん庭園
三ノ鳥居

おすすめ拝観コースで境内をぐるっと。 🚶 所要:約1時間30分

HIGHLIGHT

花風景

着物旅

必見神社

スイーツ

江ノ電

江の島

START

太鼓橋 ⏱ 5分

三ノ鳥居をくぐってすぐにある石造りの橋。寿永元(1182)年に源平池が造営された際に架けられたと言う。現在は通行不可。

源平池 ⏱ 5分

参道の東側に源氏池、西側に平家池と向かい合うようにある。春は桜、夏は蓮と季節により異なる表情を見せる。

旗上弁財天社 ⏱ 5分

源氏池の中の島に鎮座する、頼朝公の旗上げにちなんだ神社。社殿は文政年間の図をもとに復元されたもの。

夫婦円満・安産のご利益がある政子石

国重要文化財 本宮(上宮) ⏱ 10分

ハト
扁額の「八」は神のお使いであるハトの形。

随神像
両サイドには迫力満点の随神像が!

巴紋
屋根には水を表す巴紋が並んでいる。

大石段の上にそびえる鶴岡八幡宮の中心的な社殿。応神天皇・比売神・神功皇后を祀る。楼門は鮮やかな朱色や浮き彫り彫刻などの装飾が美しい。

舞殿 ⏱ 5分

若宮の廻廊跡に立ち、静御前が義経を慕い心をこめて舞を舞ったと言われている。現在も結婚式などが執り行われる。

白旗神社 ⏱ 5分

源頼朝と実朝が祀られている黒い社殿が目印。必勝祈願・学業成就の神さまとして信仰を集めている。

源氏の家紋、笹竜胆(ささりんどう)にも注目

国重要文化財 若宮 ⏱ 5分

本宮で祀られている神応天皇の子、仁徳天皇をはじめ、履仲天皇・仲媛命・磐之媛命の4柱の神さまが祀られている。国の重要文化財。

宝物殿 ⏱ 10分

本宮の西側回廊に設けられた宝物殿。鶴岡八幡宮の歴史に関する史料や御神宝を見学することができる。
🕐9:00〜16:00 ㊡展示替期間など

県重要文化財 鎌倉文華館 鶴岡ミュージアム ⏱ 30分

GOAL

鎌倉文華館 鶴岡ミュージアム
建築家・坂倉準三氏設計で、神奈川県立近代美術館の建築を継承するミュージアム。さまざまな企画展を開催する。
🕐10:00〜16:30(最終入館16:00)
㊡月曜(祝日の場合開館)、展示替期間

2022年3月には、NHK大河ドラマ『鎌倉殿の13人』の世界に浸れる大河ドラマ館としてオープン予定。

☕ ひと休みはココで

鎌倉文華館 鶴岡ミュージアム カフェ＆ショップ
🕐10:00〜17:00(LO16:30)
㊡月曜(祝日の場合翌日)

黒糖ジンジャーわらび餅700円とオリジナルブレンドティーの白檀650円

今日は何食べる？

鎌倉的ベストスイーツはコレ！

スイーツ激戦区の鎌倉には、絶対に外せない老舗のお菓子からSNSで話題のニューフェイスまでそろい踏み！鎌倉を訪れたら一度は食べてほしいテッパンスイーツがこちら。

#バターたっぷりのサブレー

BEST 1

定番だけどやっぱり食べたい
鳩サブレー♪

誕生から120年以上の歴史を持つ鳩サブレー。バターと小麦粉、卵を使った素朴な味わいを守りつつ、時代に合わせて進化している。4枚入り540円。

豊島屋 本店 >>>P.88

#手提げBOXもかわいい

BEST 2

#季節のクレープに
大仏ビスケットをトッピング

大仏さまをON!?
キュートなクレープをパクッ

長谷寺の門前にあるコーヒースタンドでは、アイコニックな"大仏クレープ"が評判。クレープは季節の素材を使った2種類から選べ、好みで大仏さまのビスケットをトッピングできる。

KANNON COFFEE kamakura >>>P.47、113

BEST 3

アイコニックな大仏焼きが
気になりすぎる！

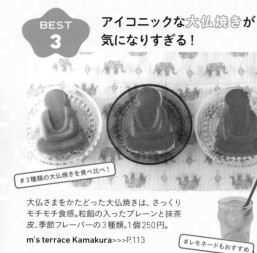

#3種類の大仏焼きを食べ比べ！

大仏さまをかたどった大仏焼きは、さっくりモチモチ食感。粒餡の入ったプレーンと抹茶皮、季節フレーバーの3種類。1個250円。

m's terrace Kamakura>>>P.113

#レモネードもおすすめ

BEST 4

お花をトッピングした
グルテンフリーなカヌレ

エディブルフラワーを飾った可憐な姿のカヌレ。小麦の代わりに米粉を使用し、もっちりトロッとした食感が特徴。

マヤノカヌレ>>>P.92

#エディブルフラワーがステキ

BEST 5

#抹茶の白玉が美味！

モッチモチの白玉なら茶房 雲母の白玉あんみつ一択！

できたて＆モチモチの大きな白玉が主役のあんみつが絶品。抹茶を練り込んだ宇治白玉入りのクリームあんみつは900円。

茶房 雲母 >>>P.45

BEST 6

#その季節ならではのモチーフ

まるでアートな季節の和菓子を連れて帰る♪

鎌倉の四季を映した練り切りは、定番の手毬（左下）や種まで表現したりんご（左中央）など創意工夫にあふれている。1個540円。

鎌倉創作和菓子 手毬 >>>P.74

BEST 7

#お散歩のお供にボトルドリンク

#全部がほうじ茶のミニ和パフェ

お茶づくしのほうじ茶スイーツに注目！

ほうじ茶パフェ750円は、アイスにプリン、クッキー、タルトなどほとんどのパーツにほうじ茶を使用。さっぱりと上品な甘さが美味。

ほうじ茶STAND -鎌倉- >>>P.53

BEST 8

夏限定のカラフルなアイスキャンディ

#白クマのパッケージが目印

のどかな港町・腰越で作られるアイスキャンディは、無香料・無着色の自然なおいしさ。テイクアウト専用で1本240円〜。

イグル氷菓 >>>P.47

BEST 9

#イチゴ×シャインマスカット

#ワンハンドスイーツ♪

今小町通りで話題沸騰中のいちご飴をゲット！

イチゴをパリパリ＆ツヤツヤの飴でコーティングしたいちご飴。シャインマスカットと交互にしたスペシャル版も！1本600円。

鎌倉そらつき >>>P.53

BEST 10

#きな粉もおいしい！

#抹茶との相性抜群

こんがりパリッなみたらし団子はヤミツキに！

表面をこんがりと焼いた団子は、注文が入ってから焼き上げるのでいつもできたて。みたらし団子セット500円。抹茶も絶品。

香下庵茶屋 >>>P.122

北鎌倉の香下庵茶屋は、元お茶室の建物を利用した空間も素敵。

HIGHLIGHT
花風景
着物旅
必見神社
スイーツ
江ノ電
江の島

HIGHLIGHT
05
TOURISM

フォトジェニックなポイントだらけ！
江ノ電SPOTをぐるぐる

鎌倉駅〜藤沢駅まで走る江ノ電は、海沿いを走ったり路面区間で車道を走ったりと、景色を楽しみながら移動できる。江ノ電沿線の魅力的なスポットをホッピング！

紫陽花の季節は江ノ電沿線をお散歩してみて

紫陽花に包まれているみたい

江ノ電 × 紫陽花

カメラ片手に歩きたい
長谷駅〜極楽寺駅
はせえき　ごくらくじえき

長谷駅から極楽寺駅の間には、線路沿いに紫陽花が咲く場所が点在している。花の見頃を迎える6月は、江ノ電と紫陽花のコラボ写真を撮れるチャンス！ >>>P.13

撮影ポイントを探しながら線路沿いを歩くのが楽しい

START

| 鎌倉 | 和田塚 | 由比ヶ浜 | 長谷 | 極楽寺 |

ココ！

ココ！

江ノ電 × カフェ

開放的なテラス席が素敵！

線路のすぐ脇にあるユニークなロケーション

屋外テラスは江ノ電を望む特等席
AWkitchen GARDEN 鎌倉
エーダブリューキッチン ガーデン かまくら

鎌倉駅と和田塚駅の中間にあるカフェレストラン。花やハーブが咲くテラスガーデンがあり、目の前を江ノ電が走り抜ける。テラスを利用する場合は、テイクアウト窓口で軽食やドリンクをオーダー可能。

🏠鎌倉市由比ガ浜2-4-43
☎0467-61-3155　⏰11:30〜21:00（LO20:00）、土・日曜・祝日11:00〜22:00（LO21:00）
㊡無休　🚃JR・江ノ電鎌倉駅、江ノ電和田塚駅から徒歩5分　🅿Pなし
鎌倉駅周辺 ▶MAP 別P.7 F-1　　　>>>P.36

人気メニューはトロフィエアラビアータ1969円

🕊 HOW TO

江ノ電をお得に使えるフリーパス

江ノ電沿線をめぐるなら、何度でも乗り降りできるフリーパスがお得。全駅の券売機で購入でき、提携飲食店での割引もある。>>>P.153

優待施設もアリ

亞
HIGHLIGHT

花風景

着物旅

必見神社

スイーツ

江ノ電

江の島

江ノ電 × 海

踏切の向こうに海！
江ノ電沿線No.1スポット

駅のすぐそばにある踏切が有名
鎌倉高校前駅
かまくらこうこうまええき

人気漫画『スラムダンク』のアニメ版に登場したことがきっかけで一躍有名になった写真スポット。聖地巡礼に訪れるファンも多数。海をバックに走る江ノ電を写真に収めることができる。
>>>P.116

鎌倉高校前駅から東へ100mほど歩くと踏切がある

鎌倉高校前駅のホームからも海を望むことができる。レトロな駅がかわいいと評判

海の向こうに江の島を望む。天気がいい日は富士山も！

車窓からの景色も最高

七里ヶ浜駅から鎌倉高校前駅あたりまでの区間は車窓から海を眺められる

| 稲村ヶ崎 | 七里ヶ浜 | 鎌倉高校前 | 腰越 | 江ノ島 |

ココ！

ココ！

江ノ電づくしの和菓子店を発見！

本物の車両を展示！
御菓子司 扇屋
おかしし おうぎや

江ノ島駅近くにあり、引退した江ノ電の車両があると話題の店。店内には座席シートや駅名の札など、レトロな江ノ電グッズが。江ノ電モチーフの最中は見た目もキュート！

🏠 藤沢市片瀬海岸1-6-7　☎0466-22-3430
🕘 9:00～17:00（売り切れ次第閉店）
㊡ 不定休　🚃 江ノ電江ノ島駅から徒歩3分
🚗 Pなし
江ノ島 ▶ MAP 別P.8 A-1

江ノ電もなか
（10個入り）
1500円

江ノ電 × 車道

江ノ電と並んでお散歩!?

車と並走する江ノ電を見られる
腰越駅～江ノ島駅
こしごええき えのしまえき

腰越駅から江ノ島駅までは、江ノ電が車と一緒に道路を走る路面区間。通称・電車通りをゆっくり走り、"ローカル線の旅"気分を味わえる。

目の前を江ノ電が走る龍口寺

🌱「御菓子司 扇屋」の江ノ電もなかは、車体を忠実に再現したボックスも魅力。

鎌倉からのショートトリップ♪

江の島をぐるっとしてみよ！

相模湾に浮かぶ江の島は、鎌倉駅から江ノ電＆徒歩で約40分。こんもりと小山のように
なった島内には、歴史深い神社やビュースポットなど、見どころが満載！

江の島弁天橋を渡って海に囲まれた江の島へ！

車も通れる江の島弁天
橋にはヤシの木が点在

江島神社の参道は多く
の人でにぎわっている

♥ HOW TO

江の島を
半日で回る方法

周囲約5kmの江の島。江の島弁天
橋のたもとから最奥の江の島岩屋
までは徒歩で20〜30分ほどで、
階段や坂などアップダウンが多い。
回るルートを事前に決めておき、
効率よく観光するのがおすすめ。

START

11:00
まずは海鮮ランチ
↓ 徒歩1分

12:00
江島神社の参道へ
↓ 徒歩1分

12:30
江島神社を参拝
↓ 徒歩5分

13:30
カフェでひと休み
↓ 徒歩15分

14:30
稚児ヶ淵に到着

GOAL

11:00 海が見える食堂で海鮮ランチ

魚介づくしの定食！

江の島に到着したらまずは早めのランチ。2階のお座敷から海を見下ろす食堂でいただくのは、腰越や小田原でその日の朝に仕入れた新鮮な魚介。日替わりの刺身を4種類味わえる本日の定食は1600円。**藤浪→P.132**

12:00 江島神社の参道をブラブラする

ランチのあとは早速、江島神社を目指して出発！ 江島神社までの約150mの参道には、両脇に飲食店やみやげ物店が立ち並び、にぎやかな雰囲気。江戸時代創業の老舗・紀の國屋本店では、ホタテやサザエの形をした江の島らしい最中が人気。

紀の國屋本店→P.130

小倉や抹茶など3種類あるアイス最中は1個280円

12:30 江島神社をお参り

縁結びの神社としても有名

辺津宮、中津宮、奥津宮の3つのお社に3姉妹の女神を祀る江島神社。境内にある八角堂の奉安殿では、江の島のシンボルである弁財天を祀っている。山の中腹から山頂にかけて点在するお社をお参りしよう。
江島神社→P.131

MEMO

エスカーが便利
緩やかな山を登りながら参拝する江島神社は、エスカレーターの「エスカー」が便利。観光施設とのセット利用券も。

13:30 江の島のてっぺんにあるカフェでひと休み

江の島の頂上にある植物園「江の島サムエル・コッキング苑」内に、フレンチトーストで人気のカフェがある。テラス席からは海を見下ろし、休憩にぴったり。フレンチトーストはドリンク付きで1329円から。
LONCAFE 湘南江の島本店→P.134

14:30 絶景の稚児ヶ淵へ！

山頂から緩やかな坂を下っていくと、屏風のように重なる崖の下に現われるのが稚児ヶ淵（ちごがふち）。地盤の隆起現象で生まれた海食台地が広がり、遮るものがない美しい海に癒される。磯釣りスポットとしても有名。**稚児ヶ淵→P.136**

岩場に下りることもできる

MEMO

夕日がキレイ
夕日の名所としても知られ、水平線に夕日が沈む日没時は絶景に。遠く富士山まで見渡すことができる。

エスカーや江の島サムエル・コッキング苑など4カ所の施設が1日出入り自由になるeno=passは1000円。

HIGHLIGHT
花風景
着物旅
必見神社
スイーツ
江ノ電
江の島

鎌倉の花歳時記

春		夏	
3月	4月	5月	6月

梅〈2月上旬〜3月上旬〉

ハナショウブ
〈6月上旬〜中旬〉
長谷寺→P.56
明月院→P.62
浄智寺→P.121
海蔵寺 MAP別 P.10 B-3
東慶寺 MAP別 P.10 B-2

桜〈3月下旬〜4月上旬〉
若宮大路→P.15
鶴岡八幡宮→P.18
長谷寺→P.56
高徳院→P.54
建長寺→P.58
鎌倉宮→P.60
報国寺→P.63
円覚寺→P.70
葛原岡神社→P.81
御霊神社→P.114
光明寺→P.118
安国論寺→P.119

紫陽花
〈5月下旬〜6月下旬〉
葛原岡神社→P.81
長谷寺→P.56
建長寺→P.58
明月院→P.62
鎌倉宮→P.60
瑞泉寺→P.67
円覚寺→P.70
本覚寺→P.104
英勝寺→P.111
御霊神社→P.114
安国論寺→P.119
浄智寺→P.121
海蔵寺 MAP別 P.10 B-3
東慶寺 MAP別 P.10 B-2
妙本寺 MAP別 P.4 B-2

レンギョウ
3月下旬〜4月上旬
瑞泉寺→P.67
海蔵寺 MAP別 P.10 B-3

藤〈4月中旬〜5月中旬〉
鶴岡八幡宮→P.18　長谷寺→P.56
英勝寺→P.111　安国論寺→P.119
鎌倉宮→P.60　瑞泉寺→P.67
光則寺 MAP別 P.6 B-2

ツバキ
〈2月中旬〜3月上旬〉

ツツジ〈4月下旬〜5月下旬〉
高徳院→P.54　長谷寺→P.56
建長寺→P.58　安国論寺→P.119
鶴岡八幡宮→P.18

ボタン
〈4月中旬〜5月上旬〉
鶴岡八幡宮→P.18　長谷寺→P.56
建長寺→P.58　浄妙寺→P.66
円覚寺→P.70

四季を通して花が咲く鎌倉の社寺へ！

　三方を山々に囲まれ、豊かな自然が魅力の鎌倉。多くの歴史ある社寺は、その伝統と共に美しい自然の姿を境内に残しており、春は桜、初夏は紫陽花、秋は紅葉と、季節の移り変わりと共にさまざまな表情を見せてくれる。紫陽花や紅葉で知られる長谷寺、「あじさい寺」の異名を持つ明月院、紅葉や桜に彩られる建長寺などは、シーズンが訪れると花見客で大にぎわい。それらの代表的な花のほかにも、小規模ながらも毎年花開き、参拝者の目を楽しませてくれる植物が多数あり、鎌倉の社寺は一年を通して花見を楽しめると言っても過言ではない。また、バラ園のある鎌倉文学館（→P.78）や紅葉名所の一条恵観山荘（→P.79）、源氏山公園（→P.81）など、社寺以外にも花の名所が。右のカレンダーでは、鎌倉で見られる主な花の見頃と、代表的な社寺をピックアップしているので、お寺めぐりの参考にして。見逃せない花風景は、P.12〜15もチェック！

お花の見頃はいつ？

お釈迦さまの誕生日！"花まつり"って何？

4月8日は仏教の開祖であるお釈迦さまの誕生日。鎌倉市内の社寺では、花で飾った花御堂を作り、甘茶を振る舞うなどの行事でお祝いする。"花まつり"が行われる主な社寺は下記のとおり。
・長谷寺→P.56
・建長寺→P.58
・極楽寺→P.114
・御霊神社→P.114
・成就院→P.115

秋　冬

7月　8月　9月　10月　11月　12月　1月　2月

梅〈2月上旬～3月上旬〉
鶴岡八幡宮→P.18
高徳院→P.54
長谷寺→P.56
建長寺→P.58
浄妙寺→P.66
瑞泉寺→P.67
円覚寺→P.70
安国論寺→P.119
東慶寺 MAP別P.10 B-2
光則寺 MAP別P.6 B-2
宝戒寺 MAP別P.5 F-2

フヨウ〈8月上旬～9月上旬〉
長谷寺→P.56
杉本寺→P.65
瑞泉寺→P.67
本覚寺→P.104
海蔵寺 MAP別P.10 B-3
宝戒寺 MAP別P.5 F-2

イチョウ〈11月上旬～12月上旬〉
鶴岡八幡宮→P.18
高徳院→P.54
長谷寺→P.56
建長寺→P.58
報国寺→P.63
杉本寺→P.65
佐助稲荷神社→P.111
御霊神社→P.114
安国論寺→P.119
浄妙寺→P.66
妙本寺 MAP別P.4 B-2

ヒガンバナ〈9月上旬～中旬〉
瑞泉寺→P.67
英勝寺→P.111
東慶寺 MAP別P.10 B-2
宝戒寺 MAP別P.5 F-2

スイセン〈12月下旬～2月下旬〉
長谷寺→P.56
報国寺→P.63
瑞泉寺→P.67
円覚寺→P.70
浄智寺→P.121
海蔵寺 MAP別P.10 B-3
東慶寺 MAP別P.10 B-2
宝戒寺 MAP別P.5 F-2

ハギ〈9月中旬～10月上旬〉
建長寺→P.58
瑞泉寺→P.67
浄智寺→P.121
東慶寺 MAP別P.10 B-2
海蔵寺 MAP別P.10 B-3
宝戒寺 MAP別P.5 F-2

紅葉〈11～12月〉
鶴岡八幡宮→P.18
高徳院→P.54
長谷寺→P.56
建長寺→P.58
明月院→P.62
報国寺→P.63
瑞泉寺→P.67
鎌倉宮→P.60
杉本寺→P.65
円覚寺→P.70
葛原岡神社→P.81
英勝寺→P.111
安国論寺→P.119
東慶寺 MAP別P.10 B-2
海蔵寺 MAP別P.10 B-3
光則寺 MAP別P.6 B-2
妙本寺 MAP別P.4 B-2

ツバキ〈2月中旬～3月上旬〉
鶴岡八幡宮→P.18
浄妙寺→P.66
瑞泉寺→P.67
英勝寺→P.111
海蔵寺 MAP別P.10 B-3

蓮〈7月中旬～8月上旬〉
鶴岡八幡宮→P.18
長谷寺→P.56
本覚寺→P.104
光明寺→P.118

キンモクセイ〈9月下旬～10月上旬〉
瑞泉寺→P.67
浄智寺→P.121
東慶寺 MAP別P.10 B-2
海蔵寺 MAP別P.10 B-3

フクジュソウ〈1月下旬～2月中旬〉
長谷寺→P.56
瑞泉寺→P.67
海蔵寺 MAP別P.10 B-3
宝戒寺 MAP別P.5 F-2

キキョウ〈6～8月〉
長谷寺→P.56
瑞泉寺→P.67
円覚寺→P.70
浄智寺→P.121
海蔵寺 MAP別P.10 B-3
妙本寺 MAP別P.4 B-2

WHERE IS

お花のイベントが話題のスポット

見逃せないのは、花の見頃に合わせて開催されるイベント！ライトアップや音楽コンサートなど、さまざまな催しが行われる。開催情報は出かける前に確認するのがおすすめ。

5月中旬～6月中旬
鎌倉文学館のバラまつり
庭園に約200種のバラが咲く。バラまつりは10月中旬～11月中旬も開催。→P.78

7月下旬
光明寺の観蓮会
記主庭園の蓮の見頃に合わせ、和楽器演奏や献灯会、茶席が設けられる。→P.118

11月下旬～12月中旬
長谷寺の紅葉ライトアップ
拝観時間を延長し、ライトアップされた紅葉を見られる夜間特別拝観が。→P.56

上記の見頃は目安。花の見頃はそれぞれの社寺やその年の気候により異なるので、出かける前に各施設に問い合わせを。

HIGHLIGHT

花風景

着物旅

必見神社

スイーツ

江ノ電

江の島

EAT 01 絶対行きたい！
話題のシーサイドカフェ

Pacific DRIVE-IN

相模湾に面する鎌倉には、海を眺めながらランチ＆カフェができるお店が多い。
海岸線沿いにお店が集まる七里ヶ浜周辺でお気に入りを探してみよう。

\\ Seaside Cafe //
ハワイっぽい

富士山を望むドライブイン！
南国気分も楽しめちゃう

📷 天気がいい日は富士山がくっきり
店の外にあるテラス席から、富士山や江の島が見える。

南国ムード満点のレストラン＆カフェ
Pacific DRIVE-IN 七里ヶ浜
パシフィック ドライブ イン しちりがはま

国道134号線沿いの海の目の前という絶好のロケーション。まるでハワイのドライブインのような雰囲気の中で、ハワイ料理やスイーツを味わえる。テイクアウトできるメニューが多いので、ピクニックにもぴったり。

🏠鎌倉市七里ガ浜東2-1-12 ☎0467-32-9777 🕗8:00〜20:00(LO19:00) ※11〜2月の平日は10:00〜 🈺不定休 🚃江ノ電七里ヶ浜駅から徒歩5分 🅿P343台

七里ヶ浜 ▶MAP 別P.9 D-3

ガーリックシュリンプ
プレート　1450円
オアフ島の海町、カフクのエビ料理を再現。
ご飯・サラダ付き。

Another dish
フレンチフライ　550円
フィンガーフードの定番♪
パンケーキも人気アリ。

グッズもかわいい

タンブラーミニ
1650円
サーフィンのイラストがかわいいグラス。

キーホルダー　715円
レトロな車がモチーフ。

トロピカルな
ドリンクも

Pacific DRIVE-IN

WHERE IS

七里ヶ浜海岸

約3km続く七里ヶ浜海岸(→P.77)からは、西に江の島、さらにその奥に富士山も見える。水平線に夕日が沈むサンセットタイムも絶景。

Attention

食べ物を狙うトンビに注意!

海岸付近にはトンビが多く、上空から食べ物を探している。屋外で食べ物を出すと飛んできて奪われるので、開けた場所は特に注意が必要。

七里ヶ浜はサンセットも◎
店内やテラス席から海を眺める。刻一刻と変化する日没の時間帯は絶景。

Seaside Cafe

シドニー発

朝から夜まで楽しめる海を見下ろすダイニング

©Petrina Tinslay

©Petrina Tinslay

朝食もランチもディナーも!

bills 七里ヶ浜

ビルズ しちりがはま

シドニー発のオールデイダイニングの日本初進出店がここ。朝食メニュー、リコッタパンケーキ1800円やスクランブルエッグ&トースト1600円のほか、ランチやディナーメニューも充実している。

鎌倉市七里ガ浜1-1-1 2F ☎0467-39-2244 ㊔7:00～21:00(LO20:00)、月曜～17:00(LO16:00) ㊡不定休 ㊋江ノ電七里ヶ浜駅から徒歩2分 Pなし

七里ヶ浜 ▶MAP 別P.8 C-3

©Petrina Tinslay

©Petrina Tinslay

屋外のテラスが特等席

和牛チーズバーガー 2400円
グリーンチリ&ハーブマヨネーズが味のポイント。ピクルスやフレンチフライと共に。

パブロバ 1200円
オーストラリア伝統のメレンゲ菓子。イチゴやクリームがたっぷり。

bills七里ヶ浜がある複合施設WEEKEND HOUSE ALLEYには、サーフファッションやナチュラルコスメの店も。

ランチもディナーも楽しめる♪

鎌倉野菜で元気になる！

天ぷら
鎌倉野菜が
約10種類も！

フレンチ
野菜が主役の
コース料理を満喫♪

紫大根

紅しぐれ大根

パクチー

いんげん

魚料理
キャベツ／本日の鮮魚（メジナ）
／トマト

スープ
安納芋／マッシュルーム

鎌倉・懐石　秋本
鎌倉市小町 1-6-15　☎ 0467-25-

BEST CHOICE
鎌倉やさい天丼
1650円
旬の鎌倉野菜を揚げたて
で。3〜4種の油をブレン
ドし、薄く衣を付けてカラ
ッと揚げるのがポイント。

アミューズ
大地の恵み
40種類の野菜

BEST CHOICE
フルコース
5555円
旬の野菜が主役の6皿の
コース。メニューは1カ
月半〜2カ月で変わる。

コレもおすすめ
生しらす丼
1650円
腰越漁港でその日の朝
にとれた生しらすがた
っぷり。4〜12月限定。

メインはコレ！
山口県産 秋吉台高原牛
"ランプ"ロースト（+1111円）
ラディッシュとシャド
ークイン（紫色のジャ
ガイモ）のソース。

絶品どんぶりを求めて大行列！
鎌倉 秋本
かまくら あきもと

小町通り沿いの複合施設・アイザ鎌倉内にあり、奥まった場
所にありながら連日行列ができる盛況ぶり。名前を記入し
てから1〜2時間待つこともあるので、平日や早めの来店が
おすすめ。店内はテーブル席のほか、靴を脱いでくつろげ
る小上がり席もあり、まるで料亭のような雰囲気。

🏠鎌倉市小町 1-6-15 アイザ鎌倉 3F　☎0467-25-3705
🕚11:00〜15:30、17:00〜21:00　㊡木曜
🚉JR・江ノ電鎌倉駅から徒歩1分　🚗Pなし

`鎌倉駅周辺` ▶MAP 別P.14 B-2　　　>>>P.34

前菜からデザートまで野菜づくし
野菜フレンチ Suzu
やさいフレンチ スズ

江ノ電の腰越駅近くの線路沿いにあり、隠れ家のような静
かなお店の雰囲気が素敵。オーナーの鈴木さん夫妻が作る
コース料理は、アミューズからデザートまで鎌倉野菜のお
いしさが詰まった絶品づくし。ランチタイムは4品の手軽
なショートコース3333円も用意されている。

🏠鎌倉市腰越 3-1-21 坂本ビル1F　☎0467-31-2506
🕚11:00〜13:00LO、17:30〜20:00LO　㊡火・水曜
🚉江ノ電腰越駅から徒歩2分　🚗Pなし

`腰越` ▶MAP 別P.8 A-1

鎌倉は山と海に囲まれ、野菜作りに適した場所。鎌倉で作られる野菜は100種類以上の品種があると言われ、彩りも鮮やか。野菜のおいしさを生かした料理を味わえるレストランへ。

EAT

オーシャンビュー

鎌倉野菜

古民家

シーフード

江ノ電ビュー

フレンチ＆イタリアン

朝ごはん＆パン

和食

カフェ＆スイーツ

🕊 WHAT IS

鎌倉野菜

特定品種はなく、鎌倉市や藤沢市周辺で栽培された野菜のこと。鎌倉市農協連即売所（→P.94）では農家から直接買える。

古民家
メインは新感覚な野菜エクレア!?

鎌倉野菜のサラダ

本日のココット料理
ラザニア

アボカドピュレの
エクレア

BEST CHOICE
ランチセット a
1850円
アボカドピュレをしのばせたエクレアにココット、サラダ、デザート＆飲み物も。

イタリアン
自家農園からとれたて野菜を提供！

ローズマリー

ルッコラ

千葉県産いも豚

BEST CHOICE
千葉県産いも豚の
ロースト　2400円
いも豚のローストはしっとりした食感。付け合わせの野菜はその日とれたもの。

♪♫

デザートはコチラ
アイスデザート
ランチセットのプチデザート。本日のケーキ（＋300円）、自家製シュークリーム（＋150円）に変更可能。

✴

パスタも絶品！
ほぐしソーセージのスパゲッティ ルッコラのソース
1600円
ほんのり苦味のあるルッコラをソースにも贅沢に使用！

地産地消がテーマのフレンチ
ブラッスリー航
ブラッスリーこう

その日仕入れた鎌倉野菜を使う、カジュアルフレンチの古民家レストラン。コスパのいいランチセットはアボカドピュレのエクレアのほかに、パスタやキーマカレーなど3種類のメイン料理から選べる。カフェタイムは手作りデザートや軽食、ディナーは多彩なアラカルトを。

🏠鎌倉市山ノ内520-2　☎0467-53-7617　🕐ランチ11:00〜14:00、カフェ14:00〜16:00（LO15:30）、ディナー17:00〜22:00（LO20:30）　🈺月曜（祝日の場合翌日）　🚃JR北鎌倉駅から徒歩3分　🅿なし

北鎌倉 ▶ MAP 別P.10 B-1　　　　>>>P.123

自家農園の鎌倉野菜をたっぷり
Osteria Gioia
オステリア ジョイア

鎌倉野菜をはじめ、横須賀の長井港で揚がる神経締めの新鮮な魚やブランド肉など、素材のよさが際立つイタリア料理を提供。野菜は毎朝オーナー自らが自家農園で収穫したもの。メニューはその日仕入れた食材で構成するので、日によって異なる。約200種類そろうワインと共に。

🏠鎌倉市雪ノ下1-9-30 田中屋ビル102　🕐11:30〜15:30、17:30〜22:00　🈺水曜、第2・第3火曜　🚃JR・江ノ電鎌倉駅から徒歩6分　🅿なし

鎌倉駅周辺 ▶ MAP 別P.15 E-2

🍷 Osteria Gioiaではソムリエの資格を持つオーナーがワインをセレクト。グラス700円〜、ボトル3800円〜。

隠れ家的な雰囲気が素敵な

古民家CAFE に癒される〜

空間が素敵なカフェでのんびりしたい！そんなときには、歴史ある日本家屋を改装した古民家カフェ。アンティークの家具に囲まれてティータイムを。

antique
骨董 CAFE
アンティーク

アンティーク家具に囲まれたくつろぎの空間がステキ！

まるで隠れ家のような
雰囲気の古民家

住宅街にひっそりと佇む

燕CAFE
つばめカフェ

建物は築88年の日本家屋。使用する食器もオーナーが集めた明治時代〜大正時代の貴重なもの。薬膳カレーや薬膳おでんなど、体の中から元気になれるフードメニューや、手作りのスイーツを提供している。

🏠鎌倉市小町3-2-27 ☎0467-84-7025
🕚11:30〜17:00（売り切れ次第閉店）㊗無休（臨時休業あり、インスタグラムを確認）
🚃JR・江ノ電鎌倉駅から徒歩10分 🚗Pなし

鎌倉駅周辺 ▶MAP 別P.5 F-2 　　>>>P.17

LUNCH MENU

薬膳おでん 　　　 1350円
たっぷりの野菜を漢方などと煮込んだおでんがメイン。日替わりの小鉢2品とご飯、お味噌汁付き。

アンティークのお皿も販売♡

店内では豆皿などアンティークの食器も販売

ドリップコーヒー600円。まるで美術品のようなカップが素敵！

カップにも注目！

半個室のテーブル席もある

32

大正レトロ
アンティーク
antique
アンティーク
CAFE

長谷のメインストリートにある
隠れ家的な空間へ

EAT

オーシャンビュー

鎌倉野菜

古民家

シーフード

江ノ電ビュー

フレンチ&イタリアン

朝ごはん&パン

和食

カフェ&スイーツ

じゅうたんもアンティーク！
2階にはくつろげるソファ席も

\ カフェタイムはコレ！ /

トウガラシやガラムマサラ入りのスパイスシフォン770円。ドリンクとセットで300円引きに

食後は旧ヤムマサラ チャイ 550円。アイスは600円

そばちょこカレー＆
2種のスパイスカレー　　　　1500円

焼き野菜がたっぷりのった週替わりの2種類のカレーに、そばちょこに入った月替わりのカレーも。途中で小皿のアカモク（海藻）を加えて混ぜながらいただく。

スパイス＆野菜のパワーで元気に！

旧ヤム邸 かまくら荘
きゅうヤムてい かまくらそう

大阪発のスパイスカレーの店が2021年7月にオープン。かつて魚問屋だった2階建ての建物にアンティーク家具が配されたレトロな空間。スパイスカレーは野菜のペーストやヨーグルトと混ぜながら味変を楽しめる。

🏠鎌倉市長谷1-14-18　☎0467-22-0526
🕐11:00～14:30LO、17:00～20:00（LO19:30）、土・日曜・祝日は14:30～17:00も営業、カレーの提供は11:00～14:30LO、17:00～20:00（LO19:30）　休水・火曜（インスタグラムを確認）　🚃江ノ電長谷駅から徒歩3分　🅿Pなし

長谷　▶MAP 別P.6 C-2

LUNCH MENU

🐾 旧ヤム邸 かまくら荘には、オープンエアのテラス席も。店内ではレトルトカレー300円も販売。　33

魚介がおいしい港町だから！
絶品シーフード狙い撃ち

海に面する街・鎌倉には漁港もあり、新鮮な魚介類が豊富。特に腰越漁港で水揚げされる
生しらすは湘南の名物グルメ。カジュアルな寿司店や懐石料理など、あらゆるシーンで楽しんで。

鮮度が重要！
生しらす

毎朝腰越漁港で揚がる生しらすは、ツルッとした食感が魅力。1〜3月の
禁漁期間やシケの日は、代わりに釜揚げしらすを提供する店もある。

その日とれた鮮度抜群の
しらすをふんだんに！

生しらす
釜揚げしらす

生しらす丼　1650円
新鮮な生しらすの下には、釜揚げしらすもたっぷり。生しらすの入荷は当日の10時30分に確定する。4〜12月の期間限定。

生しらす丼は赤だしの味噌汁、温泉卵、漬物がセットに

本当においしい生しらすならココ
鎌倉 秋本
かまくら あきもと

朝どれの生しらすは腰越漁港の漁師から仕入れるので、味・鮮度共に折り紙付き。鎌倉野菜の天丼も評判で、生しらす丼＆天ぷらを両方楽しめるセット「鎌倉づくし」2640円が一番の人気メニュー。

🏠鎌倉市小町 1-6-15 アイザ鎌倉 3F
☎0467-25-3705　⏰11:00〜15:30、17:00〜21:00　🈺木曜　🚃JR・江ノ電鎌倉駅から徒歩1分　🅿Pなし

鎌倉駅周辺 ▶MAP 別P.14 B-2　>>>P.30

こちらもおすすめ

鎌倉やさい天丼　1650円
彩りも華やかな鎌倉野菜を使用。驚くほどさっくりとした衣でしつこさはゼロ。

腰越漁港のすぐ目の前！
しらすや 腰越漁港前店
しらすや こしごえぎょこうまえてん

網元直営の食事処。目の前の腰越漁港でとれた生しらすを中心に、カマスやアジなど相模湾の海の幸がそろい、定食やアラカルトなどでカジュアルに楽しめる。流木や貝殻など、海をイメージした店内のインテリアも素敵。

🏠鎌倉市腰越 2-10-13　☎0467-33-0363
⏰11:00〜22:00(LO21:00)　🈺木曜　🚃江ノ電腰越駅から徒歩2分　🅿P10台

腰越 ▶MAP 別P.8 B-1

店の敷地の一角には直売所も。生しらすや釜揚げしらすをおみやげにできる

しらす料理の
バリエーションがスゴイ

しらすのかき揚げ
たたみしらす
釜揚げしらす
しらすの佃煮
生しらす

しらすづくし定食　1980円
生しらすをはじめ、釜揚げ、かき揚げ、佃煮、たたみしらすなどあらゆるしらす料理がセットに。生しらすは1〜3月が禁漁期間。

EAT

オーシャンビュー

鎌倉野菜

古民家

シーフード

江ノ電ビュー

フレンチ&イタリアン

朝ごはん&パン

和食

カフェ&スイーツ

🕊 WHAT IS

シーフードの宝庫、江の島

魚介といえば、腰越漁港から歩いて20分ほどの江の島も有名。しらすや地魚のほか、貝の磯焼きを提供する店が多い。 >>>P.132

地魚をいろいろ味わえる

寿司

しらすやアジ、イワシ、ヒラメなど、あっさりとした白身が多い鎌倉の地魚。いろいろな種類を食べ比べるなら、寿司店がぴったり!

こちらもおすすめ

松花堂弁当 藤 2409円
寿司割烹ならではの上品なお弁当。

地元民に愛される寿司割烹

五條
ごじょう

高級住宅街として知られる七里ガ浜の高台にある店。鎌倉市の腰越漁港のほか、藤沢市の片瀬漁港、三浦市の松輪漁港など、神奈川県内の港から毎朝仕入れる鮮魚を職人が握る。焼き魚や煮魚、天ぷらなど鮮魚料理も多彩。ランチは定食1500円〜も。

🏠鎌倉市七里ガ浜東3-1-36
☎0467-31-9477 ⏰11:30〜14:00(土・日曜〜15:30)、17:00〜20:00 休水曜
🚃江ノ電七里ヶ浜駅から徒歩12分 🚗Pなし

七里ヶ浜 ▶MAP 別P.9 D-2

贅沢大皿
4169円

握り寿司に天ぷら、煮物、サラダ、デザートが付いたコスパのいいセットメニュー。

プチ贅沢するなら!

懐石料理

特別感を味わうなら、新鮮な魚介を季節感ある創作料理にアレンジした懐石料理の店へ。魚以外の食材との組み合わせも楽しめる。

ディナーは地産地消がテーマの和食!

馳走かねこ
ちそうかねこ

その日仕入れた食材や気候などでメニューを構成するおまかせの懐石コースを提供。大きなカウンターを据えた肩肘張らないカジュアルな雰囲気も魅力。日本酒や焼酎のほか、国産ワインやウイスキーもそろう。

🏠鎌倉市雪ノ下1-9-29 シャングリラ鶴岡2-B
☎0467-84-9969 ⏰17:00〜23:00LO 休月・火曜 🚃JR・江ノ電鎌倉駅から徒歩6分
🚗Pなし

鎌倉駅周辺 ▶MAP 別P.15 E-2 >>>P.111

向附(お造り)
横須賀市の秋谷漁港でとれたメジマグロを熟成させ、からすみパウダーをあしらったもの。

からすみ
パウダー

メジマグロ

焼き物
カマスとカキノキダケ、クロマイタケ、マツタケを包み焼きに。

懐石コース
7000円〜

カウンターで作り、できたてをいただく。日によって異なり、写真は秋のコースの一例。

🍜 馳走かねこは、コースのシメのラーメンが評判。3種のカツオ&鶏ダシのスープや鶏チャーシューが絶品。

EAT
05

景色もごちそう♪
江ノ電ビューなグルメアドレス

市内の住宅街や海沿いをゴトゴト走るローカル線の江ノ電。線路沿いには江ノ電を間近に見られる
ロケーションが素敵なカフェやレストランも。ベストビューを探してみて。

ガーデンに囲まれた
テラス席をチョイス♪

トロフィエアラビアータ　1969円
トマトのピリ辛ソースとショート
パスタが絡み、ヤミツキになる味。

フルーツサンド　490円〜
平塚市にある八百屋コウタのヴィ
ーガンサンドはテイクアウトで。

目の前に
江ノ電！

パスタが人気のダイニング
AWkitchen GARDEN 鎌倉
エーダブリューキッチン ガーデン かまくら

アラカルトを注文する場合は店内また
は中庭のテラス席、窓口でオーダーす
るテイクアウトメニューの場合は江ノ
電ビューのガーデンテラス（セルフサー
ビス）へ。焼きたてピッツァも人気。

🏠鎌倉市由比ガ浜2-4-43　☎0467-61-
3155　🕐11:30〜21:00（LO20:00）、土・
日曜・祝日 11:00〜22:00（LO21:00）
㊡無休 JR・江ノ電鎌倉駅、江ノ電和田
塚駅から徒歩5分　🚗Pなし

鎌倉駅周辺　▶MAP 別P.7 F-1　　>>>P.22

迫力
MAX！

ASA　1100円(朝食限定)
干物専門店・丸恵のアジ＆サバ
定食。卵200円をトッピング。

江ノ電が目の間をゴトゴト
特等席で絶品朝ごはん

線路沿いの朝食＆ランチの店
ヨリドコロ

オープン前から行列ができる。人気の秘
密は目の前を江ノ電が通り抜けるカウン
ター席。店内は小上がり席もあり、くつ
ろげる古民家風。卵白をメレンゲ状にす
る卵かけご飯は大半の人が注文する。

🏠鎌倉市稲村ガ崎1-12-16　☎0467-40-
5737　🕐朝ごはん7:00〜9:00(先着50
名)、昼ごはん11:00〜18:00(LO17:15)
㊡無休　🚃江ノ電稲村ヶ崎駅から徒歩2分
🅿Pなし
稲村ヶ崎　▶MAP 別P.9 F-3　　>>>P.40、97

腰越駅〜江ノ島駅間は江ノ電
が車と一緒に道路を走る。

路面電車区間を走る
レアな江ノ電を眺める！

腰越駅の
目の前

オリジナルヘルシー
ランチプレート(ドリ
ンク付)1250円

腰越駅から徒歩10歩!?
SHONAN PHOTO CAFÉ
ショウナン フォト カフェ

ランチセットや豊富なアラカルトメニュー
と共に、世界各地のワインを楽しめるワイ
ンバー。グラスワインは480円〜とお手頃。
ガラス張りの窓のすぐ外を江ノ電が走る。

🏠鎌倉市腰越2-13-2　☎0467-40-4774
🕐10:00〜22:00(LO21:00)　㊡水曜　🚃
江ノ電腰越駅から徒歩1分　🅿Pなし
腰越　▶MAP 別P.8 A-1

江ノ電を
見下ろす

速度を落とした江ノ電を撮影
できる穴場ポイント。

2階から江ノ電を見下ろす
穴場カフェ

駅ヨコの隠れ家カフェ
HIRANO
ヒラノ

七里ヶ浜駅に隣接する建物の2階にあ
る、隠れ家的な小さなカフェ。定番のフ
ラッペのほか、パフェやケーキなど季節
ごとのデザートを提供。営業は不定期な
ので、インスタグラムをチェックして。

🏠鎌倉市七里ヶ浜1-1-19 2F　📵非公開
🕐11:00〜16:00　㊡水〜土曜、ほか不定休
(インスタグラムを確認)　🚃江ノ電七里ヶ
浜駅から徒歩1分　🅿Pなし
七里ヶ浜　▶MAP 別P.8 C-2

イチゴフラッペ
ブルーベリーフラッペ
各450円
フルーツと氷を攪拌した
ひんやりドリンク。チョコ
ミントも。

🐾 HIRANOのすぐ脇を流れる行合川(ゆきあいがわ)に架かる行合橋は、橋の向こうに海が見える写真スポット。

🍴
EAT

オーシャンビュー

鎌倉野菜

古民家

シーフード

江ノ電ビュー

フレンチ＆イタリアン

朝ごはん＆パン

和食

カフェ＆スイーツ

予約がおすすめ！

地元人気のフレンチ**vs**イタリアン

鎌倉は意外にもフレンチ＆イタリアンの激戦区！海辺の老舗イタリアンやニューオープンの
創作料理店など、地元民も認めるハイレベルなレストランぞろい。人気店につき予約がベター。

イタリアン × **オーシャンビュー**

創業当時から愛される
港町のイタリア料理

Wine
プロセッコ770円、フ
ランチャコルタ1320円
など魚介と相性抜群の
発泡ワイン。

Pasta
イカ墨スパゲッティは
イカのワタも使用した
コクのある味わい。

ORDER
PRANZO A
2750円
前菜、パスタ、パン、食後の飲
み物がセット。前菜とパスタは
それぞれ6種類から選べる。

アラカルトも！

海の目の前に佇む黄色の洋館
TAVERNA RONDINO
タベルナ ロンディーノ

創業40年以上の老舗。創業当時からあるイカ墨
スパゲッティやアマトリチャーナなどローマの
下町風パスタ、新鮮な魚介料理が評判。その日
の食材で作る日替わりメニューも要チェック。

⌂鎌倉市稲村ガ崎2-6-11
☎0467-25-4355 ⊕11:30〜21:30 ㉡無休、
冬季休暇（1月後半の5日間）あり ㉢江ノ電稲村ヶ
崎駅から徒歩1分 🚗P3台
稲村ヶ崎 ▶MAP 別P.9 E-3

前菜盛り合わせ。ショーケー
スから好きなものを選べ
る。ひと品110〜385円

1階には海を望むテラス席
も。コース料理は2階で

店内の窓からも海を望
む。オープン直後から
混むので予約を。コー
スは要予約

EAT
オーシャンビュー
鎌倉野菜
古民家
シーフード
江ノ電ビュー
フレンチ&イタリアン
朝ごはん&パン
和食
カフェ&スイーツ

創作料理 × 隠れ家

2021年5月オープンの注目店

DRAQUIRE
ドラキア

七里ガ浜の閑静な住宅街で、イタリア料理をベースとした創作料理を味わえる。白金高輪の人気店オレキスのヘッドシェフを務めた山田さんが作る、ジャンルレスな料理の数々は絶品づくし。

🏠鎌倉市七里ガ浜東 3-1-14 ☎0467-55-9342
🕚11:30 〜 15:00(LO14:00)、18:00 〜 22:00
(LO21:00) 🈺不定休 🚉江ノ電七里ヶ浜駅から
徒歩14分 🚗Pなし
七里ヶ浜 ▶MAP 別P.9 D-2

見た目も美しい創作料理ならココ!

Main Dish
鴨胸肉と三浦野菜のグリルを、ジャガイモのピューレやフォンド・ボーのソースと共に。

Dessert
秋のデザート。ラム酒漬けの栗のムース&栗のクリームは大人の味。

Appetizer
ヤリイカ&カリフラワーの下に、イカとワタのトマトソース煮込み。

ORDER
ランチのコース 5品
3800円
前菜2品、パスタ、メイン、デザート、食後の飲み物が付き、コスパよし。内容は月替わり。

Appetizer
鎌倉野菜と魚料理がメインの前菜盛り合わせ。内容は日替わり。

古民家でいただくフレンチはカジュアルにして本格派

フレンチ × 古民家

築80年の邸宅と中庭が素敵

Restaurant Watabe
レストラン ワタベ

江ノ電の線路を渡って門をくぐると、手入れの行き届いた庭園の奥に趣ある日本家屋が佇む。メイン料理は肉・魚共に日替わりで、奇をてらわない正統派のおいしさ。ランチのセットは2000円〜。

🏠鎌倉市坂ノ下1-1 ☎0467-22-8680 🕚11:30〜15:00、17:30〜22:00 🈺不定休 🚉江ノ電長谷駅から徒歩1分 🚗P提携駐車場あり
長谷 ▶MAP 別P.6 B-2

Dessert
クレームブリュレ、りんごのコンポート、バニラアイスのデザート。

ORDER
ランチセットB
2000円
前菜、本日の肉料理または魚料理、湘南小麦のプティパン、デザート、食後の飲み物がセット。

Main Dish
口の中でほろほろとほどける牛ほほ肉の赤ワイン煮込みは定番人気。

🍽 Restaurant Watabe はランチセットのほかアラカルトも。真鯛のポワレやフランス産鴨肉のソテーなど。

EAT 07

早朝から混雑するほど大人気！

早起きしても食べたい朝ごはん

MUST EAT
相模原市・井上ファームの平飼い有精卵。手作り本醸造醤油でいただく。

卵かけごはん定食
850円
卵かけご飯が主役の定食。味噌汁や小鉢、お漬物などに旬の野菜がたっぷり使われている。

ほっこりできる
体に優しい朝食メニュー

若宮大路沿いにある朝ごはん専門店

朝食屋コバカバ
ちょうしょくやコバカバ

大きな窓からののんびりと街を眺めながら朝食を楽しめる店。すぐ近くにあるレンバイ（鎌倉市農協連即売所）で仕入れた旬の野菜と自家製味噌の味噌汁や卵かけご飯など、体が喜ぶ健康的＆家庭的な料理が特徴。

🏠鎌倉市小町1-13-15　📞0467-22-6131　⏰7：00〜14：00　㊡水曜　🚉JR・江ノ電鎌倉駅から徒歩3分　🚗Pなし
鎌倉駅周辺 ▶MAP 別P.7 F-1　>>>P.104

これがウワサの
メレンゲ卵かけご飯！

江ノ電の線路沿いにある

ヨリドコロ

全国から厳選した魚の干物定食780円〜が話題。卵を自分でメレンゲのように泡立てる卵かけご飯は、定食600円のほか干物定食に追加トッピングで楽しめる。干物定食はランチでも。

🏠鎌倉市稲村ガ崎1-12-16　📞0467-40-5737　⏰朝ごはん7：00〜9：00（先着50名）、昼ごはん11：00〜18：00（LO17：15）　㊡無休　🚉江ノ電稲村ヶ崎駅から徒歩2分　🚗Pなし
稲村ヶ崎 ▶MAP 別P.9 F-3　>>>P.37、97

卵かけご飯の卵は白身だけ泡立て器で泡立てる。10分くらいかかる

ASA　**1100円**
アジとサバ、人気の干物2種類を味わえる朝食限定の定食メニュー。

MUST EAT
追加トッピングのこだわり卵200円。白身を泡立て器でメレンゲのように泡立て、上に黄身をのせる。

40

EAT

オーシャンビュー

鎌倉野菜

古民家

シーフード

江ノ電ビュー

フレンチ&イタリアン

朝ごはん&パン

和食

カフェ&スイーツ

一日を有意義に使うには、やっぱり早起き！
まずは早朝からオープンしているお店で朝食をとり、
エネルギーチャージすることから一日をスタートしてみては？
ヘルシーな朝ごはんメニューが評判のお店へ。

MUST EAT
台湾粥はサツマイモ粥、
肉きのこ粥、日替わり
粥の3種類。

台湾粥 3種アソート
950円

3種類のお粥と選べる
小鉢3点が付いたボ
リューム満点のセット。

早朝から行列ができる
台湾粥の人気店へ！

台湾ならではの朝粥で体を整える

台湾キッチン 叙序圓
たいわんキッチン じょじょまる

台湾・台南地方出身のオーナー、ジョジョさん
の店。台湾の朝食の定番、お粥はほくほくの
サツマイモが入った甘みのあるサツマイモ粥、
塩気の効いた肉きのこ粥の2種類あり、毎日日
替わりのお粥も登場する。

🏠鎌倉市雪ノ下1-9-29 シャングリラ鶴岡2F
☎0467-22-7899 🕐7:30～15:00 ❌月・火
曜 🚉JR・江ノ電鎌倉駅から徒歩6分 🚗Pなし

鎌倉駅周辺 ▶MAP 別P.15 E-2　　>>>P.107

漢方や生薬の効いた薬
膳スープ（ハーフ）と具
だくさんのちまきのセッ
ト1050円

中華まん&スープで
体を温める朝ごはん♪

世界各地のエキゾチックなスープたち

exotica soup & bar
エキゾチカ スープ アンド バー

体の中から温まる、スパイスやハーブの効い
た月替わりのスープが評判。朝食メニューは
スープとパンのAセット1100円または、パン
を自家製中華まんに変えたBセット1320円。
中華まんはランチやバータイムも味わえる。

🏠鎌倉市御成町14-6 ウランブル鎌倉A
☎070-2363-1192 🕐朝食9:00～11:00、ラ
ンチ11:00～14:30、バー18:00～24:00
❌月曜 🚉JR・江ノ電鎌倉駅から徒歩3分 🚗P
なし

鎌倉駅周辺 ▶MAP 別P.14 A-1　　>>>P.109

morning B　1320円

好きなスープ、自家製中
華まん、サラダ、コー
ヒーor紅茶がセット。

MUST EAT
しっとり&ふんわり生地の
中にはジューシーなお肉の
あんが。蒸したてアツアツ。

やっぱり外せないのが日本料理

しっとり和食が古都っぽい！

季節感のある日本料理を味わえる、古都ならではのお店へ。ゆっくり時間をかけて
いただく精進料理や懐石コース、手軽なおそばなど、その日のプランに合わせて選んで。

お寺で本格的に体験する

精進料理

WHAT IS

精進料理

鎌倉時代に中国・宋から伝わった禅宗の食事。修行に励む禅僧が食べた、動物性の食材を使わない料理のこと。素材を生かした薄味。

記主御膳　5500円
9品の料理に水菓子・甘味が付いたコース。内容は季節により異なり、料理はひと品ずつ提供される。

蓮池に面した美しい楼閣でいただく

光明寺
こうみょうじ

鎌倉時代に創建された寺院・光明寺境内で、本格的な精進料理を味わうことができる。季節の食材を使った彩り豊かな精進料理はコース仕立てで4500円〜。受付は2名以上で11日以上前に予約が必要。詳しくは問い合わせを。

🏯 鎌倉市材木座6-17-19　☎0467-22-0603
⏰6:00〜17:00（10〜3月7:00〜16:00）、御朱印・土産の受付は9:00〜16:00、精進料理は月・火・土・日曜の11:30〜、12:00〜、12:30〜、13:00〜、13:30〜　休無休
参拝自由　🚌バス停光明寺から徒歩1分　🅿20台
材木座 ▶MAP 別 P.4 B-3　　　>>>P.17、71、118

献立はコチラ

10 水菓子
甘味
メロン、柿

9 水菓子
季節のご飯

8 汁器
さつま汁（サツマイモ、大根、人参、こんにゃく、油揚げ、ゴボウ、長ネギ）

7 飯器
季節のご飯

6 木皿
胡麻豆腐（わさび　割り醤油）

5 坪
水茄子揚げ浸し（田楽味噌）

4 木皿
しんとり葉の煮びたし
生ゆば

3 親蓋
東寺ゆば、カボチャ、人参麩

2 平
黒豆、カボチャ、石川芋

1 木皿
光明寺精進しぐれ、酢みょうが、ゆず巾着

桃山時代の様式が見られる総門。高さ20mの山門は鎌倉の寺で最大格式

大聖閣での提供は6500円。上階の阿弥陀三尊像も拝観できる

EAT

オーシャンビュー

鎌倉野菜

古民家

シーフード

江ノ電ビュー

フレンチ＆イタリアン

朝ごはん＆パン

和食

カフェ＆スイーツ

カウンターで気軽に！

懐石料理

お昼のコース 4290円〜

白マイタケのすり流し（左）、三浦産カマスに三浦大根と鬼おろしと焼椎茸を添えて（右）。季節により内容が異なる7〜9品のコース。

鎌倉の四季を感じるカウンター割烹

鎌倉ふくみ
かまくらふくみ

鎌倉市や三浦市を中心とした市場でそのとき旬の地元食材を仕入れ、食材を見て献立を構成する懐石コースの店。茶道具を彷彿させる焼物の食器の数々も素敵。日本各地の酒蔵から仕入れる日本酒がそろう。コースは要予約。

🏠鎌倉市扇ガ谷1-1-29 2F ☎0467-39-5567
🕐11:30〜12:30LO、17:30〜19:00LO ㊡月曜（祝日の場合翌日）🚉JR・江ノ電鎌倉駅から徒歩3分 🚗Pなし

`鎌倉駅周辺` ▶MAP 別P.14 C-1

カウンターで店主との会話を楽しめる。テーブル席も

そば

あの有名店の姉妹店

湘南のアカモクとしらすの
ぶっかけそば　　1870円

特注の石臼で粗めに挽いて手打ちした二八蕎麦を使用。地元産のアカモクとしらすと共に。

そばの名店「鎌倉 松原庵」の離れ

鎌倉 松原庵 青
かまくら まつばらあん あお

HOTEL AO KAMAKURA（→P.148）内に2020年にオープン。手打ちそばや佐島漁港から仕入れる魚、湘南の野菜など、新鮮な地元食材を使う一品料理が豊富。湘南のクラフトビールや神奈川の地酒も。

🏠鎌倉市腰越3-1-7 ☎0467-55-5543
🕐11:00〜22:00（LO21:00）㊡無休
🚉江ノ電腰越駅から徒歩3分 🚗P4台

`腰越` ▶MAP 別P.8 A-1

打ちたてを
提供！

季節の前菜7種盛り合わせとおそばがセットのお昼のコース「藍」2750円。旬野菜の天ぷらは440円

🍵 鎌倉 松原庵 青の本店、鎌倉 松原庵（MAP別P.7 D-2）は昭和初期の古民家が素敵なそば専門店。　43

EAT 09

空間の素敵さも重要ポイント！

鎌倉的BESTな和カフェへ

古都・鎌倉らしい古民家や江ノ電の線路沿いなど、空間も素敵な食事処＆甘味処で、時間を忘れてひと休み。本格的な和食ランチや絶品の和スイーツと共に！

（和食）

ランチは和食御膳！

茶房膳（ランチ）
3410円
6品の一品料理に黒米ご飯、ご飯のお供（とろろまたは鶏肉味噌）、味噌汁、ドリンク、デザート2品とボリューム満点。

線路沿いにひっそりと佇む2階建ての一軒家（右上・右下）。夏季限定のかき氷も。写真は一番人気の鎌倉檸檬（右中）

お庭のある古民家でまったり

茶房 空花

さぼう そらはな

江ノ電の線路沿いの静かな住宅街にある。鎌倉＆湘南の食材を使う本格的な日本料理と種類豊富な和スイーツで評判。ディナーは会席料理、夏季はフルーツたっぷりのかき氷1540円〜も提供。

🏠鎌倉市由比ガ浜2-7-12-22　☎0467-55-9522
🕐11:30〜22:00（LO21:00）　🈺不定休
🚃江ノ電和田塚駅から徒歩2分　🚗Pなし
`和田塚` ▶MAP 別P.7 E-2

選べるスイーツがうれしい♪

酒粕チーズケーキ、抹茶ブリュレ、いちご大福など、季節変わり和スイーツは8種類から選べる

お茶菓子
1380円〜
写真はアイス最中（右）と桜のブラマンジェ（左）。お菓子1品と選べるドリンクがセットに。

豆美　600円
紅白の白玉にツルツルの寒天、ほんのり塩気のある黒豆入り。濃厚な黒蜜またはあっさりとした白蜜を選べる。

EAT

オーシャンビュー

鎌倉野菜

古民家

シーフード

江ノ電ビュー

フレンチ＆イタリアン

朝ごはん＆パン

和食

カフェ＆スイーツ

甘味処

ほっこりできる甘味処

小町通りから一本入った路地にある店（右上）。まるで料亭のような店構え（右下）。近くには豊島屋 本店も

季節の和菓子＋定番スイーツ
豊島屋菓寮 八十小路
としまやかりょう はとこうじ

月替わりの上生菓子650円のほか、オーダーが入ってから作るできたての本わらび餅800円や、ハトをかたどった寒天がかわいいあん蜜800円など、定番和スイーツがそろう。

🏠鎌倉市小町2-9-20　☎0467-24-0810
🕐10:30〜17:00（季節により異なる）
㊡火・水曜（祝日の場合営業）　🚃JR・江ノ電鎌倉駅から徒歩3分　🚗Pなし

鎌倉駅周辺　▶MAP 別P.14 C-2

翡翠白玉
700円

抹茶餡に白玉、寒天が。寒天のデザインは季節により変わる。

夏限定のかき氷にも注目！

氷宇治金時
900円

かき氷は夏季限定で登場。宇治抹茶蜜とあんこがたっぷり。

12〜4月は甘酒も♪
茶房 雲母
さぼう きらら

鎌倉駅からひと足のばした住宅街にある名店。白玉あんみつの白玉は、ほかにはないもちもち食感で絶品！ フルーツあんみつ850円やクリームあんみつ800円などバリエーション豊富なスイーツは20種以上。

🏠鎌倉市御成町16-7　☎0467-24-9741
🕐11:00〜18:00（LO16:00）、土・日曜・祝日10:30〜　㊡木曜　🚃JR・江ノ電鎌倉駅から徒歩7分　🚗Pなし

鎌倉駅周辺　▶MAP 別P.4 C-2　　>>>P.21

宇治白玉
クリームあんみつ
900円

宇治抹茶を使ったゆでたての白玉は、ほんのり苦味があり美味。

甘味処

ひと足のばして白玉が絶品のお店へ！

街歩きのお供にしたい！
街ブラwithテイクアウトスイーツ

見どころが多い鎌倉は、お寺やショップめぐりが忙しい！
街歩きに疲れたら、甘い物で糖分チャージ♡

> カラフルな
> お団子♡

> ギフトにもぴったり

**アロマ生チョコレート
PASSION
2592円**

パッションフルーツの酸味
とフレッシュ感が特徴。**B**

Chocolate

> 本格的な
> イタリアンジェラート

> ! **Attention**
>
> **小町通りは食べ歩きNG**
> テイクアウトスイーツの宝庫だ
> が、歩きながら食べるのはNG。
> 店の前にベンチがある店もある
> ので、座って味わって。

Dango

四色団子 　　260円（上）
みたらし団子 　130円（中）
紫陽花団子 　240円（下）

桜餡・ずんだ餡・栗餡・抹茶餡の
四色団子、定番のみたらし団子、
紫イモ＆抹茶餡の紫陽花団子。
A

**ジェラート ダブル
550円**

湘南近郊の素材を中心に、旬の
果物や野菜を使用。トリプルは
600円、コーンは＋50円。**C**

Gelato

A

小町通り沿いの人気店
さくらの夢見屋
小町通り店
さくらのゆめみや こまちどおりてん

店頭でお団子を焼く香ばしい香り
が漂うお店。お団子は定番ものからカ
ラフルな季節限定メニューまで、約
18種類そろう。小さなスタンド形式
のイートインスペースも。

🏠鎌倉市小町2-7-34　☎0467-25-3815
🕐10:00〜18:00　🗓無休　JR・江ノ
電鎌倉駅から徒歩3分　🅿Pなし
鎌倉駅周辺　▶MAP 別P.15 D-2

B

鎌倉生まれのチョコレートブランド
MAISON CACAO
鎌倉小町本店
メゾン カカオ かまくらこまちほんてん

コロンビアにある自社農園で育てる
香り高いカカオを使う、"ビーン トゥ
バー"のチョコレートを製造・販売。
香りを生かしたアロマ生チョコレート
はギフトにもぴったり。

🏠鎌倉市小町2-9-7　☎0467-61-3307
🕐10:00〜18:00　🗓無休　JR・江ノ
電鎌倉駅から徒歩3分　🅿Pなし
鎌倉駅周辺　▶MAP 別P.14 C-2

C

本場イタリアのジェラート
GELATERIA SANTi
ジェラテリア サンティ

2021年のジェラートの日本大会で初
出場2位に輝いた店。コンテストにも
出品されたローズマリーハニーは、小
田原産ローズマリーと湘南産ハチミ
ツを使用した人気フレーバー。

🏠鎌倉市御成町2-14　☎非公開
🕐12:00〜17:00（土・日曜11:00〜）
🗓無休　JR・江ノ電鎌倉駅から徒歩1
分　🅿Pなし
鎌倉駅周辺　▶MAP 別P.7 F-1　>>>P.108

チョコレートドリンク♪

Cacao Drink

大仏さまのビスケットが!

クレープ
値段は季節により異なる
季節のフルーツやスパイスを使ったクレープに、大仏さまのビスケットをトッピング。D

Crepes

生チョコっぺ ビター
648円
香り高くフレッシュなアロマ生チョコレートを使った贅沢なフローズンドリンク。B

生チョコっぺ あまおう
972円
すっきりとしたホワイトチョコレートにあまおうイチゴを合わせたフローズンドリンク。B

クマのマークが目印!

Ice cream

ハナレの生どら焼き
432円
本みりんを練り込んだ生地に、カカオビネガー入りの生クリームをサンド。E

和洋折衷どら焼き!?

リッチな味わい♪

アイスキャンディ 各240円〜
マンゴーやレモン、国産イチゴ、国産ミルクが定番のフレーバー。F

生チョコソフト ほうじ茶
540円
リッチな生チョコレートにお茶を使った大人の味。E

MAISON CACAO

長谷寺近くのコーヒースタンド

KANNON COFFEE kamakura
カンノン コーヒー カマクラ

長谷のメインストリートから少し入った路地にある。コーヒーと相性抜群の焼菓子がそろい、お寺めぐりのお供にぴったり。スイーツやコーヒーは季節限定フレーバーも充実。

🏠鎌倉市長谷 3-10-29 ☎0467-84-7898 🕙10:00〜18:00 🈚無休 🚉江ノ電長谷駅から徒歩3分 🅿Pなし
長谷 ▶MAP 別P.6 B-2 　>>>P.20,113

チョコ&お茶がテーマのスイーツ

カカオハナレ 長谷店
カカオハナレ はせてん

鎌倉発祥のチョコレートブランド、MAISON CACAOが手がけるお茶をコンセプトにしたスイーツ店。ジャスミンや抹茶などのお茶とチョコクリームをサンドした最中432円も。

🏠鎌倉市長谷 1-15-9 ☎0467-50-0288 🕙10:00〜17:00 🈳月曜 🚉江ノ電長谷駅から徒歩2分 🅿Pなし
長谷 ▶MAP 別P.6 B-2

アイスキャンディ専門店

イグル氷菓
イグルひょうか

てんさい糖を使用した優しい甘さが特徴のアイスキャンディを販売。腰越のテイクアウト専門店のほか、イートインも可能なFOOD & TIME ISETAN OFUNA店もある。

🏠鎌倉市腰越 3-8-26 ☎0467-32-3539 🕙13:00〜17:00 🈳HPを確認 🚉江ノ電腰越駅から徒歩5分 🅿Pなし
腰越 ▶MAP 別P.8 A-1 　>>>P.21

🐻 MAISON CACAOの姉妹店、鎌倉駅西口近くにあるCHOCOLATE BANK（MAP別P.14 A-2）もチェックして。　47

🍴
EAT

オーシャンビュー

鎌倉野菜

古民家

シーフード

江ノ電ビュー

フレンチ&イタリアン

朝ごはん&パン

和食

カフェ&スイーツ

EAT
11

今話題のお店をチェック、チェック！

鎌倉スイーツにロックオン♡

街歩きの休憩には、ちょっと贅沢に甘い物が食べたい！
スイーツ激戦区の鎌倉の中でも、SNSで話題沸騰の実力店をピックアップ。

パフェをおいしく食べるための計算しつくされたコース料理

Recommend
パフェがメインの
コース
1万2000円〜

5〜6品の構成で、毎回内容は異なる。ティラミスやほうじ茶ゼリー、レーズンヨーグルトなど、パフェのパーツは全て手作り。

Recommend
コーヒーシフォン
495円

マスカルポーネとコーヒーのクリームをシフォン生地でサンド。

コーヒーがおいしいカフェはスイーツもおいしいに決まってる！

Recommend
オリジナルブレンド
429円

すっきりと華やかな味わいで、毎日飲める飽きのこないブレンド。

完全予約制＆住所非公開！

隠れ家喫茶

ストラッチャテッラとイチゴ、金柑のカプレーゼ

マジョラム（ハーブ）が隠し味のラヴィオリ

要予約！秘密のグルメ喫茶店
Nami Zaimokuza
ナミ ザイモクザ

イタリアでの修業経験もあるフードディレクター、さわのめぐみさんによる完全予約制＆不定期営業の店。甘いものや塩気のあるものを交互にすることで、最後までおいしくいただけるパフェがメインのコースにファンが多く、いつも予約でいっぱい。営業スケジュールはインスタグラムで確認。

🏠非公開　☎非公開　㊡完全予約制（詳細はインスタグラムを確認 @nami.zaimokuza）

村木座

>>>P.119

SNSで熱視線が集中♡

コーヒーが主役

焙煎所併設のコーヒーショップ
THE GOOD GOODIES
ザ グッド グッディーズ

コーヒー豆も販売。オリジナルブレンドは100g 648円

オリジナルブレンドや約8種類の季節変わりのシングルオリジンなど、コーヒーのおいしさを心ゆくまで楽しめる。コーヒーシフォンやコーヒーロール363円など、おやつメニューもコーヒーづくし。店内にある焙煎所で焙煎したコーヒー豆は、テイクアウトして自宅で楽しめる。

🏠鎌倉市御成町10-1　☎0467-33-5685　⏰8:00〜18:00　㊡水曜　🚃JR・江ノ電鎌倉駅から徒歩1分　🅿Pなし

鎌倉駅周辺　▶MAP 別P.7 F-1

>>>P.9

EAT

オーシャンビュー

鎌倉野菜

古民家

シーフード

江ノ電ビュー

フレンチ&イタリアン

朝ごはん&パン

和食

カフェ&スイーツ

🕊 WHERE IS

ニューオープンのお店

コロナに負けず、鎌倉ではスイーツ店が続々オープンしている。特に小町通りと若宮大路はスイーツ激戦区として注目のエリア！

2021年8月OPEN
フラワーパワー
カフェ
>>>P.9、101

2021年3月OPEN
la boutique de
yukinoshita
kamakura
>>>P.93

目の前でシェフが仕上げる
名物スフレはマスト！

Recommend
パリ左岸のスフレ
3000円（ドリンク付き）
2種のナッツを使ったプラリネをしのばせたスフレにオレンジソースをかけていただく。ブラッドオレンジのソルベを添えて。

©中川正子

エスプーマがのった
ふんわりトロッな口溶け♡

Recommend
鎌倉小町とろふわかき氷
―苺・柚子みかん―
1580円（煎茶付き）
自家製柚子みかんをしのばせたかき氷に、ブランドイチゴの自家製シロップとマスカルポーネの特製エスプーマをON。

セレブ御用達スイーツが！
パリから初上陸

モワルー・ショコラ2800円。温かいショコラをアングレーズソースでいただく

パリの名物スフレが日本初上陸
Régalez-Vous
レガレヴ

パリ最古のレストラン、ラペルーズでオーナーシェフを務めた佐藤亮太郎さんの店。スペシャリテの「パリ左岸のスフレ」はラペルーズで提供されていた名物メニュー。スフレ以外にも、フランス仕込みの本格的なデセールを堪能できる。

🏠鎌倉市御成町10-4　☎0467-81-3719
🕗8:30〜19:00（LO18:30）　🔴不定休
🚉JR・江ノ電鎌倉駅から徒歩1分　🅿なし

鎌倉駅周辺 ▶MAP 別P.7 F-1　　　>>>P.9

夏〜秋のお楽しみ♪
かき氷

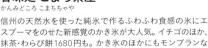

笠間栗のモンブランかき氷 抹茶1540円（煎茶付き）。秋冬限定

季節限定和スイーツが見逃せない
甘味処 こまち茶屋
かんみどころ こまちちゃや

信州の天然水を使った純氷で作るふわふわ食感の氷にエスプーマをのせた新感覚のかき氷が大人気。イチゴのほか、抹茶・わらび餅1680円も。かき氷のほかにもモンブランなど季節ごとの和スイーツが登場する。

🏠鎌倉市小町1-6-15 アイザ鎌倉 2F　☎0467-38-7101
🕗11:00〜17:30（LO17:00）　🔴施設に準ずる
🚉JR・江ノ電鎌倉駅から徒歩1分　🅿なし

鎌倉駅周辺 ▶MAP 別P.14 B-2　　　>>>P.13

ピクニックのお供に♪

絶品パン&サンドをテイクアウト

実力派ベーカリーがしのぎを削る鎌倉。空間も素敵なパンのお店に、
今話題のサンドイッチ店まで、テイクアウトして楽しめる注目店をチェックして。

KOMOPAN

ローカルハワイアンな
ベーカリー!?

腰越の住宅街にある人気店

KOMOPAN
コモパン

店内はハワイの田舎町にある
ベーカリーをイメージ。12種
類を使いわける国産小麦マニ
アのオーナーが作るパンは、小
麦の風味が際立つ逸品ぞろい。
定番のハード系や食パンのほ
かにハワイ風な食事系&おや
つ系も多彩。

腰越駅からゆるやかな坂を上った
高台の住宅街にある。香ばしいチ
ーズクッキーは378円

🏠 鎌倉市腰越4-9-4
☎ 0467-55-5142
🕐 8:30〜16:00（売り切れ次第
閉店）　㊡日・月曜　🚃江ノ電腰
越駅から徒歩6分　🚗P4台
腰越　▶MAP 別P.8 B-1

神社の名物パン!?

鶴岡八幡宮境内にあるカフェでは、シンボル
であるハトの「八」の字の焼き印が押された
お宮の角食600円が隠れた人気アイテム。

**鎌倉文華館 鶴岡ミュージアム
カフェ&ショップ**
かまくらぶんかかん
つるがおかミュージアム
カフェ&ショップ　>>>P.19

食事系なら

BURRITO
421円
チョリソー、スイートチ
リ、オニオン、チーズ、
パクチーをサンド。

HUA MOA
453円
横須賀市の安田養鶏場
の朝どれ卵を使った目
玉焼きが主役。

しらす LEMON BAGUETTE
432円
腰越でとれたしらすがのっ
たレモン風味のガーリック
バターバケット。

おやつ系なら

LEMON CHOCO
OLD FASHIONED
410円
さっくりとしたドーナツ
の上にレモン風味のホワ
イトチョコレート。

アイスクリームマラサダ（ダブル）
810円
ハワイの揚げドーナツ、マラサダ
にミルク&チョコミントのアイス
をサンド。夏限定。

彩り豊かなベーグルサンド専門店

ぐるぐるべゑぐる
ぐるぐるべゑぐる

表参道で人気の「パンとエスプレッソと」が手がけるベーグルのテイクアウト専門店。いちじくショコラ、かぼちゃカレーなどユニークなフレーバーのベーグルで作るサンドが評判。ベーグルのみの購入も可能。

🏠 鎌倉市小町1-3-4 丸七商店内
☎ 0467-73-8340 　🕚 11:00～18:00
休　🚫 不定休 　🚃 JR・江ノ電鎌倉駅から徒歩3分 　🚗 Pなし
鎌倉駅周辺 　▶ MAP 別P.7 F-1

バリエ豊富な
ベーグルサンド♡

昭和レトロな小さなアーケード街の中にある（左）。若宮大路沿いに入口があるので見落とさないように（右）

5種のフルーツサンド
600円
プレーンベーグルに季節のフルーツ、カスタード入りのクリームチーズ。

エスニックチキンのバインミー
550円
カレー＆レーズンのベーグルに、ナンプラーが効いたグリルチキン、パクチー。

ベーグルサンドは10種類ほど。ラインナップは季節により異なる

野菜＆フルーツが主役

Squeeze材木座
スクイーズざいもくざ

材木座の住宅街にある南国ムードあふれる店。元青果店のオーナーが目利きする野菜やフルーツを使ったサンドイッチは、テイクアウトのほかお店の前のベンチで手軽に楽しめる。

🏠 鎌倉市材木座3-6-20 　☎ 0467-22-2509
🕚 11:00～17:00（LO16:30）　🚫 火・水曜
🚌 バス停臨海学園から徒歩1分 　🚗 Pなし
材木座 　▶ MAP 別P.7 F-3 　　　　>>>P.119

元八百屋の
ヘルシーサンドが人気

えびアボカドサンド
640円
定番人気のエビ＆アボカドのほか、食事系サンドは3種類。

フルーツサンドMIX
580円～
旬のフルーツを贅沢にサンド。あんこ入りは560円～。内容は季節により異なり、値段も変動あり。

DRINK
コールドプレスジュース（イエロー）
1050円
水を使わず食材をゆっくりプレス。パイン、グレープフルーツなど。

テイクアウトもイートインも♪

Pacific BAKERY
パシフィックベーカリー

隣接するファクトリーで作るパンやベイクを販売するハワイアンベーカリー。定番のバゲットやココナッツミルクブレッドのほか、スコーンやマラサダなどハワイらしいアイテムも。>>>P.117

パンケーキミックス
1200円
ハワイ発のふわふわバターミルクパンケーキを自宅で作れる。

バナナクリームスコーン
360円
京都のベイクショップNAKAMURA GENERAL STOREの人気のスコーン。

おやつはハワイ発のスコーンで！

🔆 Pacific BAKERYのバターミルクパンケーキは姉妹店Pacific DRIVE-IN七里ヶ浜（→P.28）でイートインできる。

EAT
オーシャンビュー
鎌倉野菜
古民家
シーフード
江ノ電ビュー
フレンチ＆イタリアン
朝ごはん＆パン
和食
カフェ＆スイーツ

EAT 13

数ある鎌倉スイーツの中でも最強メンツがコチラ

推しパフェ&ソフトに会いに行く!

実力派スイーツ店がひしめく鎌倉で、見た目も麗しいパフェやソフトクリームが食べたい!
味ももちろん抜群のおすすめ4店がココ。

推しメン ①
毎月食べたくなる!
アコテ材木座の月替わりパフェ

苺とピスタチオと
ココナッツのパルフェ
1760円

横須賀市の嘉山農園のイチゴ
が主役。イチゴのピューレが入
った生クリームやフィユタージ
ュ、ピスタチオクリームなど。

フルーツは季節のお楽しみ♪
全パーツ手作りの贅沢なひと品

 WHAT IS

ネクスト注目エリアの材木座

アコテ材木座がある材木座は、穴
場のカフェがある注目エリア。完
全予約制の Nami Zaimokuza など
個性派店も。>>>P.118

Nami Zaimokuza(→P.48)のパフェも
絶品。コース料理の中の一品

スイーツもおいしいビストロ

アコテ材木座
アコテざいもくざ

東京の有名ブーランジェリー、ヴィロン
で腕を磨いた夫婦の店。カスレなどフラ
ンスの地方料理を提供するほか、パンや
ベイクも販売。カフェタイムの月替わり
のパフェを目当てに訪れるファンも多い。

🏠鎌倉市材木座 3-13-17
☎0467-50-0452 🕐11:30〜16:30(14:
30〜はパフェ・ケーキのみも OK)、テイク
アウト10:00〜18:00 ㊡水〜金曜 🚌バ
ス停九品寺から徒歩1分 🚗P1台
材木座 ▶MAP 別P.7 A-3 >>>P.119

内装もオーナー夫妻が
手作り。スイーツに合う
紅茶は種類豊富

最後までおいしいお茶づくしパフェ♥

ほうじ茶パフェ
750円
アイス、クッキー、タルト、プリンは全てほうじ茶を使用。白玉がアクセントに。

推しメン② ほうじ茶が主役の和パフェは
甘さ控えめがポイント！

お茶がテーマのスイーツ＆ドリンク
ほうじ茶STAND -鎌倉-
ほうじちゃスタンド かまくら

ボトルドリンクのほうじ茶ラテ＆抹茶ラテが評判のスタンド。パフェやプリン450円、タルト250円などほうじ茶が主役のスイーツがそろう。浅煎りのハンドドリップコーヒー500円は常連人気。　　　>>>P.21

🏠鎌倉市小町1-7-6　☎非公開
🕐10:00～17:00　休不定休　🚃JR・江ノ電鎌倉駅から徒歩2分　🅿なし
鎌倉駅周辺　▶MAP 別P.14 B-2

抹茶ラテ　600円
若宮大路の鳥居のイラストが素敵。ホットまたはアイスで。

ほうじ茶カヌレ　350円
土・日曜・祝日限定のカヌレ。外はカリカリ＆中はしっとり。

推しメン③ まるでプリンそのもの！
優しい甘さのプリンソフト

プリンがおいしいカフェ
CAFÉ DE FLEUR
カフェ ドゥ フルール

ドライフラワーが飾られたボタニカルなインテリアがかわいいカフェ。手作りの大きなプリンのほか、ベイクドチーズケーキや毛糸玉の和栗のモンブランなどスイーツが多彩。クリームソーダなどドリンクも。

🏠鎌倉市小町2-7-30
☎0467-38-6868　🕐11:00～18:00
休無休　🚃JR・江ノ電鎌倉駅から徒歩4分　🅿なし
鎌倉駅周辺　▶MAP 別P.15 D-2

富士山プリン　710円
大きめプリンに生クリームがON。雪化粧した富士山をイメージ。

トロッと甘いキャラメルソースが美味

鎌倉プリンソフトクリーム
660円
カスタード＆キャラメルのソフトクリームは程よい甘さ。

ソフトクリームの頂上に丸ごとイチゴがON！

いちごミルキーソフト
600円
生乳メーカーと共同開発した濃厚ソフト。イチゴ味とのミックスに。

推しメン④ SNSにポストしたくなる
キュートなソフト♥

季節のお餅専門店
鎌倉そらつき
かまくらそらつき

いちご大福やトッピングがかわいいお団子など、見た目もキュートなスイーツで人気。大福やお団子のほかに、スムージーやいちご飴など、イチゴづくしのスイーツがそろっている。

🏠鎌倉市小町1-5-9
☎0467-55-5872
🕐10:00～18:00　休無休　🚃JR・江ノ電鎌倉駅から徒歩1分　🅿なし
鎌倉駅周辺　▶MAP 別P.14 B-2

>>>P.17、21

小町通り沿いにあるテイクアウトの店

😋鎌倉そらつきのソフトクリームは甘酸っぱいイチゴフレーバーが大人気。ジェラートのような食感。

EAT
オーシャンビュー
鎌倉野菜
古民家
シーフード
江ノ電ビュー
フレンチ＆イタリアン
朝ごはん＆パン
和食
カフェ＆スイーツ

01

仏像界イチのイケメン!?

鎌倉大仏を拝みに高徳院へ！

高徳院の本尊である銅造の阿弥陀如来坐像は、国宝にも指定されている。建長4(1252)年に建造が始まったと言われており、ほぼ造立当初の像容を保ちながら、現在も多くの信仰を集めている。

【国宝】

造立開始から770年の鎌倉大仏をチェック

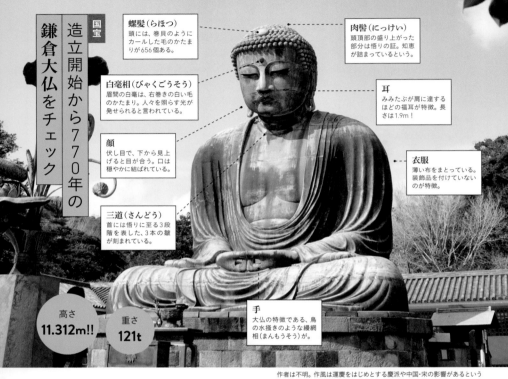

螺髪（らほつ）
頭には、巻貝のようにカールした毛のかたまりが656個ある。

肉髻（にっけい）
頭頂部の盛り上がった部分は悟りの証。知恵が詰まっているという。

白毫相（びゃくごうそう）
眉間の白毫は、右巻きの白い毛のかたまり。人々を照らす光が発せられると言われている。

耳
みみたぶが肩に達するほどの福耳が特徴。長さは1.9m！

顔
伏し目で、下から見上げると目が合う。口は穏やかに結ばれている。

衣服
薄い布をまとっている。装飾品を付けていないのが特徴。

三道（さんどう）
首には悟りに至る3段階を表した、3本の皺が刻まれている。

手
大仏の特徴である、鳥の水掻きのような縵網相（まんもうそう）が。

高さ **11.312m!!**
重さ **121t**

作者は不明。作風は運慶をはじめとする慶派や中国・宋の影響があるという

創建750年以上の鎌倉のシンボル

高徳院
こうとくいん

阿弥陀如来坐像を本尊とする浄土宗の仏教寺院。阿弥陀如来は万人の救済を本願とされる西方極楽浄土の教主で、「三十二相八十種好」と呼ばれる32の大きな特徴と80の細かい特徴が見られる。

🏠鎌倉市長谷4-2-28
☎0467-22-0703 ⏰8:00～17:00
（最終受付 16:45）🗓無休 💴300円（胎内拝観20円）🚃江ノ電長谷駅から徒歩7分 🅿Pなし

長谷 ▶MAP 別P.6 C-1 >>>P.15

🕊 高徳院の花暦

© 鎌倉市観光協会

桜の時期は必見！
3月下旬～4月下旬は、ソメイヨシノが境内各所で咲き乱れる。美男の大仏さまと桜のコラボは見事のひと言。

╲ 売店で買える ╱

アイコニックな大仏GOODS
境内には直営売店（札所）と回廊の外に2つの売店が。大仏さまモチーフのグッズが手に入る。

大仏さまをかたどった、おみくじ付きせんべい160円

草履ストラップ350円。金運UP＆長寿のご利益が

🕊 **WHAT IS**

かつて金色だった鎌倉大仏

原型の木造から型を取り、銅を流し込んで鋳造された銅製の仏像。完成当時は塗金が施されていたという。両頬には、今も金箔の痕跡が見られる。

仏像を覆う大仏殿

仏像は当初、堂宇の中に納められていたが、建武元(1334)年と応安2(1369)年の台風、明応7(1498)年の大地震によって損壊。以後、露坐の仏像となった。

大仏さまの周りをぐるっとしてみる。

仏殿はなく、屋外に鎮座している阿弥陀如来坐像。仏像の周りをぐるっと一周して、あらゆる角度から眺められるようになっている。

🚶 所要：約1時間

4 観月堂＆与謝野晶子歌碑
（かんげつどう）

観月堂の傍らには大仏さまを美男と詠った与謝野晶子の歌碑が

もとは15世紀中頃に漢陽の朝鮮王宮内に建設されたと伝えられる建物。大正時代に東京・目黒から移築・寄贈され、観音菩薩立像を安置している。

背中に注目！
仏像の背面に回り見上げると、肩甲骨のあたりには2つの大きな窓が。胎内に光が入るようになっている。

3 売店

仏像を囲む回廊に直営売店（札所）、回廊の外に2つの売店がある。授与品のほか、大仏さまモチーフのグッズも多数。

5 蓮弁
（れんべん）

蓮の花びらをかたどった青銅製の蓮弁。江戸中期に蓮台の製作のため鋳造されたが、32枚のうち完成したのは4枚のみ。

2 礎石
（そせき）

境内に56基！

創建当時、仏像を納めていた堂宇を支えていた礎石。根府川産の輝石安山岩が使われている。当初は60基あった。

6 胎内拝観

仏像内部に入れる!?
仏像の脇には、胎内へ入る入り口が。内部は空洞になっており、鋳造の継ぎ目などを見られる。
※2022年1月現在、見学休止中

地図:
- 観月堂 4
- 4 与謝野晶子歌碑
- 売店 3
- 5 蓮弁（※裏側）
- 6 胎内拝観（※裏側）
- 鎌倉大仏
- 朱印所 直営売店
- 2 礎石
- 7 奉納大わらじ
- 手水舎
- 券売所
- 売店
- 1 仁王門
- 大仏前（バス停）

1 仁王門
（におうもん）

吽形像 / 阿形像

18世紀初頭に、内部に安置された一対の仁王像と共に他所から移築されたと伝わる山門。

7 奉納大わらじ

長さ1.8m、幅0.9m、重量45kgにも及ぶ大きな藁草履。『大仏さまに日本中を行脚し、万民を幸せにしていただきたい』という願いから奉納された。

高徳院は明応7（1498）年の大地震以降荒廃したが、江戸中期の高僧、祐天・養国により復興した。　55

2021年に造立1300年を迎えた
長谷観音に手を合わせる

十一面観音菩薩像を本尊とする長谷寺。木造の仏像としては日本最大級の高さ9.18mを誇る。
造立1300年を記念して、観音さまの全身総開帳や、特別参拝として御足参りを受け付けている。

十一面観音菩薩像をチェック

光背
こうはい
観音像の背後にあり、仏身から発せられる光を表す。

11の顔
頭上には万人の願いを叶えるため、11の顔が全ての方向を向く。

華瓶
けびょう
左手に蓮の花を挿した花瓶を持つ。

錫杖
しゃくじょう
左手に華瓶、右手に錫杖を持つ。このような十一面観音を長谷寺式と呼ぶ。

足元
岩座に素足で立つ。

高さ
9.18m!!

十一の顔を持つ観音さまが見守る
長谷寺
はせでら

観音像は伝承によると養老5（721）年に造立されたと言う。深い慈悲から11の顔で人々を見守り、苦しみから救う。岩座に立ち右手に錫杖を持つのがほかの十一面観音像との違いで、長谷寺式十一面観音と呼ばれる。

🏠鎌倉市長谷3-11-2
☎0467-22-6300　🕗8:00〜17:30（最終入場17:00）、10〜2月〜17:00（最終入場16:30）　㋡無休
💴400円　🚃江ノ電長谷駅から徒歩5分　🚗P30台

長谷 ▶MAP 別P.6 B-2 >>>P.12、68、73

🚩ミュージアムもチェック！

観音ミュージアム
かんのんミュージアム

長谷寺宝物館を平成27年にリニューアル。長谷寺の寺宝に加え、観音菩薩の教えを映像や展示で紹介している。

🕘9:00〜16:30（最終入館16:00）　㋡無休（臨時休館あり）
💴300円

「観音三十三応現身像」は観音菩薩が変化した姿といわれる33の像

🕊 WHAT IS

長谷寺 境内MAP

⑨眺望散策路
⑦経蔵
観音ミュージアム
⑥観音堂
⑤阿弥陀堂
海光庵
⑧見晴台
④鐘楼
かきがら稲荷
③地蔵堂
放生池
弁天堂
妙智池
②弁天窟
てらやショップ・カフェ
①山門
和み地蔵
大黒堂
書院（写経会場）
券売場

菩薩

如来になるための修行中の身のこと。中でも観音菩薩は人々を救うためにあらゆる姿に変化する。十一面観音、千手観音、聖観音などがある。

海を渡ってきた!?

長谷寺の観音さまは15年もの間海を漂い、鎌倉に遷座されたと伝わる。表面に付着したカキの貝殻が御本尊を守ったという。

カキの貝殻を絵馬として願い事を書き、奉納する

境内のかきがら稲荷は貝殻を祀る

草花も美しい長谷寺をぐるっと散策。

天平8（736）年に開創した長谷寺の境内は、観音山の裾野から中腹に広がっており、四季を通じて花が咲く「花の寺」として親しまれている。

所要：約1時間

紫陽花の見頃は5月下旬〜7月上旬頃

山門（さんもん）

1300年記念のちょうちんが！

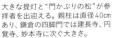

弁天窟（べんてんくつ）

内部の見学もOK

大きな提灯と"門かぶりの松"が参拝者を出迎える。親柱は直径40cmあり、鎌倉の四脚門では建長寺、円覚寺、妙本寺に次ぐ大きさ。

福徳弁天を祀る弁天堂の奥にあり、弘法大師が参籠したという洞窟。洞内は見学でき、壁面には弁財天と従者の十六童子の彫刻が。

\圧巻！/

地蔵堂（じぞうどう）

階段を上った中段奥にあり、子授け＆安産のご利益がある福壽地蔵を祀る。お堂の周りにも数多くの地蔵が安置されている。

扇垂木（おおぎだるき）の屋根が特徴

鐘楼（しょうろう）

国重要文化財の梵鐘はミュージアムに

鋳造は文永元（1264）年、鎌倉で3番目に古い。原物は観音ミュージアムに展示。

観音堂（かんのんどう）

ココに観音さまが！

高さ2.8m！

阿弥陀堂（あみだどう）

源頼朝が自身の42歳の厄除けのために建立したと言われ、堂内の"厄除阿弥陀"は鎌倉六阿弥陀のひとつに数えられる。

厄除阿弥陀はもとは鎌倉にあり現在は廃寺となった誓願寺の本尊だった

十一面観音菩薩像を安置する。現在の堂宇は昭和61（1986）年に再建されたもの。

お経がたくさん

経蔵（きょうぞう）

\絶景〜/

見晴台（みはらしだい）

海光庵では、お団子＆抹茶でひと休み

眺望散策路（ちょうぼうさんさくろ）

5月下旬〜7月上旬頃

一切経が納められた回転式書架（輪蔵）を一回転させることで、お経を読誦（どくじゅ）した功徳が得られるという。

鎌倉の街並みや由比ヶ浜、遠く三浦半島まで見渡す。隣には食事処の海光庵（→P.73）も。

平成初頭に栽培を始め、現在40種類以上、約2500株の紫陽花を見ることができる。散策路上段からは由比ヶ浜を見下ろす。

枯山水庭園が美しい写経場の書院では、毎日写経・写仏ができる（→P.71）。

壮大なスケールの伽藍は見応えあり

建長寺で"禅"のパワーを感じる

創建から760年以上を誇る日本初の禅宗専門寺院の建長寺。国の重要文化財も多く、境内を彩る季節の花々など見どころが盛りだくさん。清閑な雰囲気の中で禅の真髄に触れてみよう。

鎌倉五山最高の風格漂う古刹

創建750年を記念して描かれた法堂の天井画「雲龍図」

🌸 花カレンダー

鎌倉特有の深い谷戸に立つ

建長寺
けんちょうじ

建長5(1253)年、鎌倉幕府5代執権・北条時頼が中国の禅僧・蘭渓道隆を開山として建立。総門、三門、仏殿、法堂、方丈などの主要な建物が直線に並ぶ伽藍配置が特徴で、中国の禅宗様式を模したものだという。

🏠鎌倉市山ノ内8 ☎0467-22-0981
🕐8:30～16:30 休無休 💴500円
🚃JR北鎌倉駅から徒歩15分
🅿P20台
`北鎌倉` MAP 別P.11 E-2
>>>P.14、15、120

桜	サツキ	紫陽花	紅葉
3月下旬～4月上旬 総門・三門付近	5月中旬～6月上旬 梵鐘付近	5月下旬～6月中旬 三門・仏殿・半僧坊付近	11月下旬～12月上旬 半僧坊、法堂・方丈付近

🕊 **WHAT IS**

半僧坊の天狗たち

半僧坊の真殿に祀られている半僧坊大権現は天狗の姿をしている。そのため、真殿に向かう石段の両脇や岩肌には大小12体の天狗像が置かれているという。

さまざまな表情やポーズの天狗たちが参拝者を迎えてくれる

建長汁

建長寺発祥の精進料理。野菜のヘタなどを無駄なく使うために考案された汁もので、"建長汁"がいつしか訛って"けんちん汁"として広まったと言われる。

点心庵(→P.125)では建長寺監修のレシピで作るけんちん汁を提供

半僧坊を目指して境内を制覇！

総門から方丈まではゆっくり回って所要約1時間。最奥の半僧坊までは徒歩20分ほど。坂道や階段が続くので履きなれた靴がおすすめ。

START

🚶 所要：約1時間

総門（そうもん）

天明3（1783）年に京都・般舟三昧院で建立された門を昭和15年に移築したもの。額に書かれた「巨福山」は大きな福をもたらす寺を意味する。

柏槇の庭
大覚禅師が植えたと言われる柏槇の古木。樹高約13mで、樹齢は推定約760年。

❽ 半僧坊

虫塚
正統院　　達磨像
❼ 方丈　　　　正受院
　　　　庭園
❻ 唐門　　　　　得月楼
宝珠院　　　　　大庫裏（寺務所）
　　　　❺ 法堂
　　　❹ 仏殿　　柏槇の庭
建長寺境内MAP
　　❸ 三門　　　開山堂
朱印所　　梵鐘　　　大徹堂
　　受付　　　　西来門
　　❶ 総門

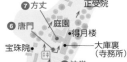

三門（さんもん）　重要文化財

空・無相・無作の三解脱門の略で、門をくぐることであらゆる執着から解放されることを意味する。上層には釈迦如来、十六羅漢、五百羅漢を安置。

梵鐘（ぼんしょう）　国宝

建長7（1255）年、鋳物師の物部重光によって鋳造されたもの。蘭渓道隆による「建長禅寺」の銘文が浮彫りされている。

法堂（はっとう）　重要文化財

住職が僧侶に説法するためのお堂で、文化11（1814）年に再建。本来なら仏像は安置しないが、現在は千手観音が祀られている。

ここも注目！雲龍図

縦10m、横12mの巨大な水墨画は見応え抜群

仏殿（ぶつでん）　重要文化財

ここも注目！格天井

地蔵菩薩坐像は台座を含む高さ約4.8mを誇る

本尊の地蔵菩薩坐像を安置する、法要を行うお堂。現在の建物は正保4（1647）年に東京・芝の増上寺から徳川2代将軍秀忠の夫人（お江の方）の霊屋を移築したもの。

唐門（からもん）　重要文化財

方丈の正門。もとはお江の方の霊屋（現仏殿）の唐門で、仏殿と共に移築された。桃山風向唐破風の四脚門は透彫金具が美しい。

方丈（ほうじょう）

もとは住職が暮らした場所で、現在は法要、坐禅、研修の場所として使用。建物の奥には蘭渓道隆が蘸碧池を中心に造った庭園もある。

半僧坊（はんそうぼう）

静岡・方広寺から迎えた半僧坊大権現を祀る建長寺の鎮守。約250段の階段を上った先にある。

ここも注目！富士見台

🚶 建長寺境内は花の名所でもある。春の桜（→P.15）や秋の紅葉（→P.14）は必見。

59

神社を訪れ、あることをすると…!?

ご利益UPの神社へGO

厄除け
&
魔除け

インパクト大な"獅子頭"に厄除けをお願い!

厄除け
厄除け&魔除けのお守り「獅子頭さん」が厄を食べてくれると言う

神苑に囲まれたパワースポット

鎌倉宮
かまくらぐう

明治2(1869)年に明治天皇が創建。後醍醐天皇の皇子で、鎌倉幕府倒幕の功労者である護良(もりなが)親王をご神祭とする。境内には護良親王が足利尊氏によって幽閉されたと言う土牢跡が残されている。

🏠鎌倉市二階堂154 ☎0467-22-0318 🕘9:00～16:30 ㊡無休 ㊅参拝自由(土牢・宝物殿300円) 🚌バス停大塔宮から徒歩すぐ

金沢街道 ▶ MAP 別P.3 F-2 >>>P.69

宝物殿は外から展示品を見学できる

護良親王が幽閉されたという土牢も!

カエルの身代わり石守り800円

✎ WHAT IS

獅子頭

護良親王が戦の際、獅子頭を兜の中に入れて出陣したと言う。境内の至る所に祀られており、木製のお守りもある(→P.69)。

境内のパワスポを制覇して厄を落とす!

1

かわいい大鳥居をくぐる

大鳥居は白×赤のカラーリングが特徴。安産祈願・初宮詣の参拝客も多い。

2

神さまの森に迷い込む

本殿回りは大木が茂る神苑になっており、ご神祭をより近くに感じることができる。

3

本殿&拝殿をお参り

神苑に囲まれた本殿、手前に拝殿がある。拝殿前でお参りができる。

4

身代わりさまにも祈願

拝殿右手奥にある村上社には、"なで身代りさま"の村上義光像が。体の悪いところをなでる。

お守り

TOURISM

社寺

仏像

禅寺

ご利益

坐禅&写経

お寺カフェ

体験

お庭

ハイキング

鎌倉宮と銭洗弁財天 宇賀福神社は、お参りするとご利益がアップするとウワサのパワースポット。鎌倉宮は鬱蒼とした森に囲まれ、銭洗弁財天 宇賀福神社は洞窟の中にお社があるなど、神秘的な空間も魅力。厄除け&金運アップを祈願して、いざお参りへ。

岩壁を掘って造られた奥宮。宇賀神と弁財天が祀られている

金運UP
奥宮内に湧く霊水は鎌倉五名水のひとつ

金運UP

神秘的な洞窟内で心身を清めてご利益をいただく

頼朝ゆかりの金運上昇スポット

銭洗弁財天 宇賀福神社
ぜにあらいべんざいてん うがふくじんじゃ

「西北の谷に湧く霊水で神仏を供養すれば、国内平穏になる」という宇賀福神のお告げに従い、源頼朝が創建したと伝わる神社。奥宮に湧く霊水でお金を洗い清めると金運上昇、商売繁盛、一族繁栄のご利益があると言われる。

🏠鎌倉市佐助2-25-16 ☎0467-25-1081
🕐8:00〜16:30 ⬜無休 💴参拝自由 🚃JR・江ノ電鎌倉駅から徒歩20分 🚗P10台

鎌倉駅周辺 ▶ MAP 別P.4 B-1 >>>P.69,110

必見はココ！ 奥宮

本社

平日の午前中早めなら人も少なく、落ち着いて参拝できる（上）。市杵島姫命を祀る本社（右）。境内のそのほかの見どころは→P.110 check！

奥宮でお金を清めて福を呼ぶ！

社務所で線香とろうそくを購入

お供え用の線香とろうそくを100円で購入。一緒にお金を洗うためのざるを借りる。

本社を参拝

ろうそく台の大きなろうそくで線香とろうそくに火をつけ、ろうそくを供える。線香台に線香を納めて煙で身を清める。

霊水でお金を清める

お社に参拝したあと、ざるにお金を入れて霊水をかけて清める。洗ったお金はハンカチで拭いて財布に戻し、ざるは返却ボックスに入れる。

お札は端を濡らすくらいでOK

静寂の寺院でのんびりできる！

癒しの禅寺でリラックス

鎌倉時代に「鎌倉五山」と呼ばれる禅寺が制定されるなど、禅宗が広く受け入れられていた鎌倉。
"自省により心を浄化する"という禅の精神が宿る、静謐な空気が流れる禅宗寺院を訪ねよう。

癒
スポット

明月院の悟りの窓

左右を山に囲まれた明月院は、山の懐から中腹にかけて細長く続く山里の禅寺。本堂の円窓からは裏手にある後庭園を望む。

RELAX
期間限定公開の
後庭園を散策

ハナショウブが咲く初夏、木々が色づく秋だけ公開され、庭園を散策できる。

丸い額縁から望むのは美しい後庭園の深緑

RELAX
紫陽花のシーズン

6月上旬〜下旬は境内を埋めつくす約2500株の紫陽花が見頃に。

谷戸にひっそりと佇む禅宗寺院

明月院
めいげついん

臨済宗建長寺派の寺院。紫陽花や紅葉の名所として知られる。本堂の円窓や鎌倉最大の"明月院やぐら"、北条時頼の墓、鎌倉十井のひとつである瓶ノ井（つるべのい）など見どころが多い。休憩は月笑軒で。

🏯鎌倉市山ノ内189 ☎0467-24-3437
🕘9:00〜最終受付16:00 🈺土・日曜（6月は無料）💴500円（本堂後庭園は別途500円）
🚉JR北鎌倉駅から徒歩10分 🅿Pなし
北鎌倉 ▶MAP 別P.11 D-2 >>>P.13、14、68、120

RELAX
境内を歩いて
お地蔵さま探し

花を携えた花想い地蔵や赤地蔵・青地蔵など、いたる所にお地蔵さまが。境内を散策しながら探してみて。

RELAX
春は桜のアーチが美しい

山門から本堂へと続く道の途中に見事な桜の木がある。見頃は3〜4月頃。

抹茶（干菓子付き）600円
※拝観料含む

RELAX
休耕庵でひと休み

竹林の奥にある茶席では、竹林を眺めながら抹茶とお菓子を。
>>>P.73

（癒）スポット

報国寺の竹の庭

本堂裏手の庭園には、真っすぐ天にのびる約2000本の孟宗竹の林が。園内を歩けば、鮮やかな緑や葉ずれの音などに癒される。

竹林の小径をお散歩してみる

天にのびる青竹が茂る

RELAX
竹庭を散策する

通年楽しめる竹の庭。足利一族の墓（やぐら）などの見どころも。

RELAX
石庭をのんびり眺める

坐禅堂の裏手に枯山水の石庭が。ミズキ科のサンシュユ（2〜3月）やラン科のセッコク（5〜6月）などの花が咲き、楚々とした美しさ。

建武元（1334）年創建の禅寺
報国寺
ほうこくじ

仏乗禅師の天岸慧広（てんがんえこう）が休耕庵を建て修行をしたことが始まり。本堂には本尊の釈迦如来像（鎌倉市指定文化財）が祀られ、年中行事が行われる。坐禅堂の迦葉堂では坐禅会も行われる（→P.70）。

🏯鎌倉市浄明寺 2-7-4　☎0467-22-0762
🕘9:00〜16:00（抹茶の最終受付15:30）
㊡無休　㊤300円（抹茶＆干菓子付きは600円）　🚃バス停浄明寺から徒歩3分　🅿P5台
金沢街道 ▶MAP 別P.3 F-2　>>>P.73、126

🪦 足利一族の墓（やぐら）は岩肌をくりぬいて造られた横穴式墳墓。平地の少なかった鎌倉ならではのもの。

鎌倉大仏＆長谷観音だけじゃない！
会いに行きたい仏像7

鎌倉大仏の名で親しまれる高徳院の阿弥陀如来坐像（→P.54）、長谷寺の十一面観音菩薩立像（→P.56）をはじめ、貴重な仏像が多数ある鎌倉。そのほかの見逃せない仏像がこちら！

弁才天坐像
国指定重要文化財

艶めかしいお姿にうっとり

腰布のみを身に付けた木造の裸形像に、布製の衣を着せている。琵琶を演奏する姿に造られている。（鶴岡八幡宮蔵）

薬師如来を守護する12神のうちのひとりで、鎌倉時代の木彫像。複数の木材から彫出する寄木造の像で、怒気を含んだ気迫のある表情。（鎌倉国宝館蔵）

十二神将立像
（12軀のうち巳神）
神奈川県指定文化財

勇猛な風貌の守護神像

1本の木から彫り出された平安時代後期の作品。左手に薬壺を持ち、頬が丸く張った顔立ちが特徴。（鎌倉国宝館蔵）

貴重な仏像を間近で見られる博物館

鎌倉国宝館
かまくらこくほうかん

弁才天坐像など国の重要文化財をはじめとする仏像、絵画、工芸品などを収蔵・展示。鎌倉〜室町時代に制作されたものや、同時代の中国・宋や元からもたらされたものが多い。鶴岡八幡宮（→P.18）の境内にある。

薬師如来像
神奈川県指定文化財

病を癒す仏さま

🏠鎌倉市雪ノ下2-1-1 鶴岡八幡宮境内 ☎0467-22-0753 🕘9:00〜16:30（最終入館16:00） 🈺月曜、展示替期間、特別整理期間など ⛩展覧会により異なる 🚃JR・江ノ電鎌倉駅から徒歩8分 🅿Pなし

鎌倉駅周辺 ▶MAP 別P.5 F-1

韋駄天立像
鎌倉市指定文化財

盗人の鬼を捕らえた駿足の神さま

鎌倉時代の作品。目には暗褐色の石がはめ込まれ、甲冑の立体的な文様は粘土を用いた土紋という装飾。（浄智寺蔵）

閻魔大王像
国指定重要文化財

像高約2mの大迫力!!

蓮座に伝わる。笑っているように見えることから「笑い閻魔」や、山賊から赤ちゃんを守り無事に成長したことから「子育て閻魔」と呼ばれる。

国指定重要文化財の奪衣婆像。三途の川で亡者の衣服をはぎ取る

迫力ある閻魔様の表情に注目

円応寺
えんのうじ

建長2（1250）年、智覚禅師が創建。本堂には本尊の閻魔大王のほか、亡者が冥界で出会う十王も祀られ見応え十分。閻魔大王の前で合掌して懺悔文を3度唱えると今までの罪が許されるという。

🏠鎌倉市山ノ内1543 ☎0467-25-1095 🕘9:00〜16:00（12〜2月〜15:30） 🈺5月15・16日、8月15・16日、1月15・16日 💰200円 🚃JR北鎌倉駅から徒歩15分 🅿Pなし

北鎌倉 ▶MAP 別P.11 E-3

月光菩薩
月明りのように優しく人々の煩悩を消すといわれる。月輪を持つ

薬師如来
ヘソの下で重ねた両手の上に薬壺をのせているのは珍しい

日光菩薩
太陽のように光を照らし、苦しみを消すと言われる。日輪を持つ

菩薩を従えた荘厳なお姿
薬師三尊坐像
国指定重要文化財

薬師三尊をはじめ貴重な仏像を参拝

覚園寺
かくおんじ

建保6(1218)年、鎌倉幕府2代執権北条義時が建立した大倉薬師堂が前身。永仁4(1296)年に9代執権貞時が元寇の再来がないことを願い、智海心慧を開山として創建された。谷戸の自然が残る境内散策も楽しみ。

🏠鎌倉市二階堂421 ☎0467-22-1195 🕙10:00～16:00（季節企画により変更あり）❌4月27日、8月10日、12月20日～1月7日、荒天日 💰500円 🚌バス停大塔宮から徒歩10分 🅿Pなし

金沢街道 ▶MAP 別P.3 E-2

江戸時代に薄暗くとも目に映えるように描かれた白龍の天井画

地獄の責め苦の身代わりで黒くなったと伝わる黒地蔵を祀る地蔵堂

本堂の薬師堂。足利尊氏の寄進で1354年に再建された建物がもとになっている

1706年に造られた豪農の内海家が暮らした邸宅。1981年に境内に移築された

激しい怒りをあらわにした
仁王像（吽形像）
におうぞう（うんぎょうぞう）

怒りを内に秘める
仁王像（阿形像）
におうぞう（あぎょうぞう）

向かって左側にある吽形像。口を閉じているのは物事の終わりを表現している。

向かって右側にある阿形像。口を開け、物事の始まりを表現。金剛杵を持っている。

苔の石段が美しい鎌倉最古の寺院

杉本寺
すぎもとでら

天平6(734)年、光明皇后の命で行基が創建。本尊である3体の十一面観音は行基、慈覚大師、恵心僧都によるもので、山門の仁王像は運慶作。苔むした鎌倉石の階段や茅葺屋根の本堂なども見逃せない。

🏠鎌倉市二階堂903 ☎0467-22-3463 🕙9:00～15:00（土・日曜・祝日～16:00）※受付は閉門の15分前まで ❌無休 💰300円 🚌バス停杉本観音から徒歩1分 🅿Pなし

金沢街道 ▶MAP 別P.3 F-2 ＞＞＞P.69

🚶杉本寺は本堂の外から秘仏の十一面観音を拝観できる。

しっとり散策が楽しい♪

お寺の庭園が素敵すぎる！

茶席から枯山水石庭を鑑賞できる浄妙寺、国指定名勝の庭園内を散策できる瑞泉寺など、
それぞれ趣の異なる庭園がある、隠れ家的なお寺で風情を堪能。

茶室からゆったり眺める

枯山水庭園

臨済宗建長寺派の仏教寺院

浄妙寺
じょうみょうじ

文治4(1188)年に源頼朝の重臣・足利義兼により創建され、後に禅刹に改められた。かつて山門・仏殿・禅堂・経堂など伽藍や多数の小寺院があったという。鎌倉五山の第五位とされ、境内は国の史跡に指定されている。

銅板葺き屋根の本堂には国重要文化財の木造退耕行勇禅師坐像を安置

🏠 鎌倉市浄明寺 3-8-31　☎ 0467-22-2818
🕘 9:00〜16:30　無休　料 100円　バス停浄明寺から徒歩3分　🚗 P20台

金沢街道 ▶ MAP 別 P.3 F-2　>>>P.72、126

>>>P.72、126

やってみよ！

お庭を望む茶室でひと休み

平成の初めに曽根三郎により作庭された枯山水庭園は、茶席の喜泉庵から眺められる。

🕊 WHAT IS

枯山水

水を使わず、岩や砂で山や川を表す庭園様式。禅の精神が宿り、鎌倉時代以降の臨済宗寺院に、瞑想や修行の場として築かれた。夢窓疎石、雪舟、小堀遠州などの作庭家が代表的。

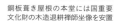

枯山水庭園にある水琴窟が美しい音色を奏でる

境内には四季折々の草花が。5月のサツキも見事

ほかにも！お庭が素敵なSPOT

報国寺 竹林
ほうこくじ
約2000本の孟宗竹に囲まれた"竹の庭"。竹林に囲まれた茶席もある。>>>P.63

建長寺 方丈庭園
けんちょうじ
禅宗を象徴する庭園。現在の庭園は江戸時代初期の図をもとに復元されたもの。>>>P.58

長谷寺 枯山水
はせでら
池泉回遊式庭園内に枯山水が点在。2013年に竣工した書院前にも。>>>P.56

珍しい石の庭園
夢窓疎石の岩庭
国指定名勝

三方を山に囲まれた神秘的な寺院

瑞泉寺
ずいせんじ

嘉暦2（1327）年、夢窓疎石により創建された臨済宗円覚寺派の寺院。庭園は鎌倉時代の庭園として国の名勝にも指定されている。鎌倉石の岩盤に彫刻を施したダイナミックな造形で知られる。

🏠鎌倉市二階堂710　☎0467-22-1191
🕘9:：00〜17:00（最終入場16:30）
🈚無休　🉐200円　🚏バス停大塔宮から徒歩15分　🅿P10台

金沢街道　▶MAP 別P.3 F-2

🕊 WHO IS

夢窓疎石

夢窓国師とも呼ばれる臨済宗の禅僧＆作庭家。世界遺産である京都の天龍寺庭園や西芳寺庭園（苔庭）などを手掛けた。

やってみよ！
石段を上って幽玄な森の中へ

拝観受付所の周辺は見事な梅林が。見頃は2〜3月頃。

鬱蒼とした木々に囲まれた石段。傾斜のゆるい新道と苔むした古道も。

本堂の脇に市の天然記念物の黄梅と冬桜が植えられている。

"どこもく地蔵尊"の名で親しまれる地蔵菩薩立像は鎌倉時代の作。

🐦 瑞泉寺は鎌倉時代末期から室町時代にかけて栄えた漢詩文学"五山文学"の拠点だった。

パワーがもらえる授与品をゲット
御朱印&ご利益グッズを集めたい

ご利益もさまざまな社寺めぐりが楽しい鎌倉。境内ではお寺や神社を象徴する
個性豊かな授与品がゲットできる。旅の記念や祈願成就にどうぞ。

ハトの授与品がかわいい♪

鶴岡八幡宮
P.18

鳩土鈴
1000円
鶴岡八幡宮のシンボル、鳩をかたどった郷土玩具。置き物にも。

開運

花守
各800円
花が開くように運も開かれるように。紅梅、白梅、桜の3種類ある。

御朱印帳　1700円
御朱印　500円
本宮と舞殿が描かれたオリジナルの御朱印帳が人気。裏表紙には段葛の満開の桜が。

フルーツのお守り!?

長谷寺
P.56

紫陽花モチーフが素敵

明月院
P.62

心願成就

願い叶う守
600円
"いち"と"ご"で15。十（じゅう）分に五（ご）利益に恵まれる心願成就のお守り。

あじさい絵馬
800円
「あじさい寺」の異名を持つ明月院ならではの絵馬に、願いを書いて奉納して。

開運

スイカ守
700円
スイスイと運が開けるようにと、スイカをかたどっている。

おまもり

御朱印帳
1500円
紫陽花の名所の長谷寺オリジナルデザイン。

勝負守
500円
明月院で5月に特別公開されるハナショウブにかけて、必勝祈願！

HOW TO

御朱印をいただく

参拝の証として、鎌倉市内の多くの社寺でいただくことができる御朱印。マナーや手順をチェックして。

御朱印帳を用意
御朱印帳（納経帳）は大きい社寺で購入可能。オリジナルデザインがある所も。

御朱印受付所へ
「御朱印受付」の看板が目印。御朱印代（300〜400円程度が目安）も忘れずに。

その場でいただく or 預ける
参拝後にその場で書いていただく場合と、参拝前に御朱印帳を預けて参拝後に番号札と引き換える場合がある。

魔除けの獅子頭に注目

鎌倉宮
P.60

災いを払う赤白の折り鶴

杉本寺
P.65

獅子頭守（小）
1200円
厄除け・幸運招来のお守り。獅子頭さまが厄を食べてくれる。

魔除け

ご利益アップ♪

石守
800円
パワーストーンの身代わり守り。"身返り"とカエルのゴロ合わせで。

開運

身代地蔵
700円
お地蔵さまがあらゆる苦難の身代わりになって助けてくれるというお守り。

千羽鶴御守
700円
折り鶴の木彫りが付いたお守り。赤い鶴は厄除け、白い鶴は祈願の2種類。

わらじ御守
700円
足腰の健康を願うお守り。鼻緒のカラーはバリエーションいろいろ。

金運アップが叶うかも？

銭洗弁財天 宇賀福神社
P.61

願いかなう茄子守
500円
古くから"物事を成す"と言われる縁起物の茄子にちなんでいる。

金運

おたから小判
300円
財布に入れて持ち歩くと金運アップのご利益があるというお守り。

かまくら銭洗辨財天 おたから小判 宇賀福神社

銭洗弁財天 宇賀福神社（→P.61、110）は、お金を洗うと金運がアップするという霊水"銭洗水"が湧く神社。

禅の精神で私をととのえる
坐禅&写経にトライする

お寺で坐禅や写経を行うことで、忙しい毎日から離れて静かに精神統一を行う。
仏さまの教えに触れ、心が豊かになる体験を。

禅の心に触れ
雑念を捨てて無我の境地に

HOW TO

坐禅体験

多くの人々が修行した禅宗寺院で坐禅を体験。円覚寺では修行道場である居士林（工事中のため現在は選佛場）で少人数制で行う（写真は団体向けの方丈）。

瞑想

あいさつしてから坐禅を組み、呼吸を整える。鐘の合図で瞑想を始める。

坐禅

集中力が途切れたら、手を挙げて合図し、警策で肩を叩いてもらう。鐘が鳴ったら終了の合図。あいさつをし、退出する。

坐禅 ZAZEN

禅宗の修行法のひとつで、座った状態で心身を整えること。初めての人でも気軽に参加できる坐禅会があり、参加方法は寺院による。

四季折々に美しい禅寺
円覚寺
えんがくじ

弘安5(1282)年、鎌倉幕府第8代執権の北条時宗が創建。境内各所に点在する重厚な伽藍や貴重な寺宝の数々を有する。寺宝は11月の「宝物風入」の際に大部分が公開される。春は桜、秋は紅葉と自然も美しい。

🚶 鎌倉市山ノ内409 ☎0467-22-0478 ⏰8:00〜16:30（12〜2月〜16:00）🈺無休 💴500円 🚃JR北鎌倉駅から徒歩1分 🅿Pなし

北鎌倉 ▶MAP 別P.10 C-1 >>>P.120

境内にあり茶席が設けられた佛日庵（左）。方丈庭園（右上）。坐禅会が行われる修行道場の居士林（右下）

体験 Informaiton

選佛場土曜坐禅会・選佛場日曜坐禅会
持ち物は特にないが、坐禅を組みやすい服装がおすすめ。座り方や手の組み方など、作法は教えてもらえる。予約方法はHPで確認

開催日時
土曜、第1・3日曜の14:30〜16:00

⏱1時間30分 💴1000円

ココでも体験

建長寺 >>>P.58
けんちょうじ

坐禅会
金・土曜の15:30〜16:30

💴無料（参観料が必要）

報国寺 >>>P.63
ほうこくじ

日曜坐禅会
日曜の8:00〜10:30※要問合せ

💴志納

鎌倉時代の寛元元(1243)年に創建

光明寺
こうみょうじ

写経や精進料理などで仏さまの心に触れることができる浄土宗の寺院。写経は開山堂奥の書院で行われる。本堂は現在工事中なので参拝は開山堂へ。そのほか、総門・山門など荘厳な木造の大伽藍が見どころ。

🏯鎌倉市材木座6-17-19 ☎0467-22-0603 🕐6:00〜17:00(10〜3月7:00〜16:00)、御朱印・土産の受付は9:00〜16:00 🈵無休 🈯参拝自由 🅿20台 バス停光明寺から徒歩1分

材木座 ▶MAP 別P.4 B-3　>>>P.17、42、118

記主庭園の蓮をモチーフにした御朱印帳1500円

弘化4(1847)年建造の山門は高さ約20mで、鎌倉の寺院の門では最大の格式(上)。大聖閣に安置される阿弥陀三尊像(下)

体験 Informaiton

定例写経会
西方極楽浄土の様子や念仏往生について書かれた阿弥陀経の一部を写す。毎月行われ、全て参加すると阿弥陀経が完成。

開催日時
第2水曜の10:30〜12:00
🕐2時間　¥1500円

ココでも体験

長谷寺 >>>P.56
はせでら
写経・写仏
9:00〜15:00(自由参加)
¥1200円

妙本寺 MAP 別P.5 F-3
みょうほんじ
写経体験
10:00〜15:00(自由参加)
¥2000円

🕊 HOW TO

写経体験
筆や墨、半紙は用意してもらえるので手ぶらでOK。予約不要。

法話&読経
お経の由来や『阿弥陀経』にこめられたお心についての法話がある。

写経

お経を写していく。手本を下敷きにするので書きやすい。

書き終わったら宝前に進み、焼香したあと、写経を奉納する。

焼香&読経

写経 SHAKYO
仏教の修行のひとつで、お釈迦さまの教えが書かれたお経(経典)を書き写すこと。もとは経典を複製し仏法を広めるために行われた。

お釈迦さまの心に触れる
心静かに取り組み

社寺
仏像
禅寺
ご利益
坐禅&写経
お寺カフェ
体験
お庭
ハイキング

10

美しいお寺でのんびりしたい！

くつろぎ CAFE in お寺

お寺の中にある茶席やカフェで抹茶や和菓子を味わえる、くつろぎスポットへGO！
美しい庭園や海を望む絶好のロケーションで、お寺見学の合間のひと休みを楽しんで。

庭園に面した茶席が素敵

浄妙寺
じょうみょうじ

総門や本堂、足利家の墓などの見どころがある浄妙寺。境内には、枯山水庭園を望む喜泉庵や洋館カフェの石窯ガーデンテラス（→P.127）など、ユニークなひと休みスポットが。

🏠鎌倉市浄明寺3-8-31　☎0467-22-2818　🕐9:00〜16:30（喜泉庵は10:00〜）　㊗無休　💰100円　🚌バス停浄明寺から徒歩3分　🅿P20台

`金沢街道` ▶MAP 別 P.3 F-2

>>>P.66、126

抹茶と季節の生菓子はセットで1100円

庭園を愛でながら抹茶&和菓子を

縁側には水琴窟があり、神秘的な音色を楽しめる

日本庭園

喜泉庵
きせんあん

かつて鎌倉の禅僧たちが集い、茶席を開いたと言われる喜泉庵。畳敷きの大広間に掛け軸、床の間と純和風の佇まいに癒される。お茶請けは鎌倉の和菓子の名店、美鈴のもの。

\ ココも見学 /

全体が国の史跡に指定されている。境内奥のやぐらには足利直義の墓が。

草花を供養する花塚。毎年10月に鎌倉華道会による花供養が行われる。

癒しの竹林を望む茶席

報国寺
ほうこくじ

山門をくぐり、四季の花々が咲く小さな庭園を抜けると本堂が姿を表す。さらにその奥には青々とした孟宗竹の林の中に小径が続く、竹の庭が広がっている。

🏠鎌倉市浄明寺 2-7-4 ☎0467-22-0762 🕐9:00〜16:00(抹茶の最終受付 15:30) 🈂無休 💴300円(抹茶＆干菓子付き600円) 🚌バス停浄明寺から徒歩3分 🚗P5台
`金沢街道` ▶ MAP 別 P.3 F-2
>>>P.63、126

\ ココも見学 /

鬱蒼と茂る竹林の中にはお地蔵さまや足利一族の墓(やぐら)などの見どころが

休耕庵
きゅうこうあん

境内の最奥には竹林に囲まれた風情あふれる茶席があり、まるで隠れ家のよう。抹茶と干菓子をいただくことができ、時間を忘れてくつろげる。

どの席からも竹林を望む。抹茶付きの拝観券は600円

竹庭

海ビュー

高台にある絶景の寺院へ

長谷寺
はせでら

長谷観音や紫陽花の散策路などで知られる長谷寺は、山の斜面に造られており、眺望が見事。境内は広く階段が多いので、抹茶とお団子で休憩タイムを。

🏠鎌倉市長谷 3-11-2 ☎0467-22-6300 🕐8:00〜17:30(最終入場17:00)、10〜2月〜17:00(最終入場16:30) 🈂無休 💴400円 🚃江ノ電長谷駅から徒歩5分 🚗P30台
`長谷` ▶ MAP 別 P.6 B-2
>>>P.12、56、68

抹茶とみたらし団子のセット900円

\ ココも見学 /

観音堂に安置されている本尊・十一面観音菩薩立像への参拝もお忘れなく

海光庵
かいこうあん

ガラス張りの窓から鎌倉の街並みと由比ヶ浜を見渡す絶景が自慢。お団子や甘酒400円などの喫茶メニューのほか、ランチメニューも。

🌱 長谷寺の海光庵の隣には見晴台が。逗子や葉山、三浦半島まで一望することができる。

作って味わえるのがうれしい♪

和菓子&梅酒作りしてみる?

レクチャーを受けて鎌倉らしい和菓子&梅酒を作れる、話題の体験教室。
1時間程度でできるので、手軽に参加できると大人気! 電話やネットで事前に予約を。

本格的な生菓子作りに挑戦!

初心者もOKの和菓子作り

鎌倉創作和菓子 手毬
かまくらそうさくわがし てまり

季節に合わせた創作和菓子で人気の和菓子店で、職人が作り方を教えてくれる。生地にあんこを包んで飾りを付ける、見た目も華やかな練り切りは、回によってデザインが異なるので何度も参加したくなる。

🏠鎌倉市坂ノ下28-35
☎0467-33-4525 ⏰11:00〜16:00 🈲月・火・木曜 🚃江ノ電長谷駅から徒歩10分 🅿Pなし

長谷 ▶MAP 別P.6 B-3 >>>P.13,21

体験Informaiton

和菓子体験教室
材料や道具は全て用意されているので手ぶらでOK。作った和菓子は箱に入れてもらえるので持ち帰ってゆっくり味わうのもいい。

開催日時
水・金〜日曜の10:00〜、14:00〜
⏱45分 ￥2900円

ゆっくり教えてくれるので、初心者でも全く問題なし

START

① 材料は白餡と、白餡に求肥を混ぜた生地の2種類。練って均等に分けておく。

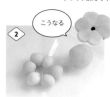

こうなる

② 3色の生地を交互に丸く並べ。均等に力を加えて平たくし、お花のような形に成形。

③ 中心に丸めた白餡を置いて、生地を少しずつのばしながら包む。均等にのばすのがコツ。

④ 三角ベラを押し付けて表面に縦線を付ける。等間隔になるように。

⑤ 練り切りでできた飾りの花をてっぺんにON。中心に黄色い生地をのせて花芯にする。

完成

⑥ これで完成。現在教室での試食は休止中なので、箱に入れてそっと持ち帰ろう。

隣接の店舗では季節の生菓子(1個540円〜)を購入できる

持ち帰りOK

ドリンクコーナーもある店内。梅酒の手作りキットも販売している

梅とお酒の組み合わせは無限大！

何度参加しても楽しい♪

梅体験専門店「蝶矢」鎌倉店
うめたいけんせんもんてん ちょうや かまくらてん

ウメッシュで知られるチョーヤのお店。梅の品種や砂糖、お酒を選んで自分好みの梅酒が作れる体験が人気で、作った梅酒はその日の内に持ち帰れる。店内では梅ドリンクも販売し、体験の前後に中庭で休憩できる。

梅ドリンクも味わえる！
緑茶割り540円

🏠 鎌倉市御成町11-7鎌倉御成町白亜 1F
☎ 非公開　🕙 10:00〜18:00　㊡ 不定休
🚃 JR・江ノ電鎌倉駅から徒歩1分　🚗 Pなし

鎌倉駅周辺 ▶ MAP 別 P.14 A-1

体験 Informaiton

梅酒＆梅シロップづくり体験
ネットで事前予約して、時間になったら来店。材料・道具は用意されているので手ぶらでOK。作った梅酒ボトルは当日中お店で預かってもらえる。

開催日時 毎日10:00〜、11:00〜、12:00〜、13:00〜、14:00〜、15:00〜、16:00〜、17:00〜（土・日曜は18:00〜も）

🕐 30〜45分　💴 1100円〜

START

①

まずはボトルサイズ、梅・砂糖・お酒の種類を選ぶ。サイズや種類により値段が異なる。

② 味が全然違う！

完熟南高、白加賀、有機南高、NK14、パープルクイーンの5種。シロップを試飲して決める。

③ 砂糖を選ぶ。氷砂糖、てんさい糖、こんぺい糖、ハチミツ、有機アガベシロップの5種。

④

お酒を選ぶ。ウォッカ、ブランデー、ホワイトラム、ジンの4種。アルコールなしもOK。

⑤

梅のヘタを取り、砂糖と交互にボトルに入れる。Sは1杯分、Mは3杯分、Lは6杯分。

⑥

お酒を加える。ノンアルコールの場合は何も入れず、梅と砂糖のみでOK。

⑦

完成

フタを閉めて完成。初めの2週間は1日1回よく混ぜる。

ボックスに入れて持ち帰り♪

🏠 梅体験専門店「蝶矢」鎌倉店の手作り梅酒は1カ月で飲み頃に。長期熟成させるのもいい。

自分好みの梅酒を作る！

アクティビティは初心者もOK！
湘南のBEACHで海遊び♪

相模湾に面する鎌倉の海岸線は、アクティビティにぴったりの遠浅ビーチが続いている。
初心者も日帰りで挑戦できる、マリンアクティビティにトライ！

手ぶらでできる！
体験サーフィン

ショップは海のすぐ目の前。サーフボードを持っていざ、ビーチへ！

体験Informaiton

体験サーフィン

少人数制レッスンが魅力。ウエットスーツやサーフボードのレンタルは全て料金に込み。

開催日時
毎日10:00、14:30〜
🕐 3時間　¥ 6980円

やってみた！

① 受付＆開始前ミーティング

開始10分前に集合し受付。着替えたらサーフィンの基礎知識などのレクチャーを受ける。

② 陸トレ

砂浜で実際にサーフボードを使ってレッスン。パドリングや立ち方などを練習する。

③ 海へ！

ボードに乗ってボードの上に立つところまでを体験。スタッフのフォローがあるので安心。

④ シャワー＆着替え

レッスンが終わったら温水シャワー＆着替え。テラスで海を眺めたり、終了後のんびり過ごしてもOK。

🚩 体験サーフィン／SUP／ウィンドサーフィン

レベルに合わせた4段階のレッスン

HALE surf
ハレ サーフ

江の島を望む腰越海岸のすぐ目の前にあるサーフショップ。サーフィンのレッスンは初心者向けの体験サーフィンから初級、中級など4クラスある。初めてでも安心のウィンドサーフィンやSUP体験も。

🏠 鎌倉市腰越3-11-12 石川ビル1F
☎ 0120-71-7766　🕐 9:00〜19:00（11月中旬〜3月中旬〜18:00）🗓 無休
🚃 江ノ電腰越駅から徒歩5分　🅿 P3台
腰越 ▶ MAP 別P.8 A-1

体験サーフィン

初めてサーフィンをする人向けのレッスン。慣れてきたら初級・中級も。

SUP

ボードの上に立ち、パドルを漕いで進む。波が穏やかなので安心。

ウィンドサーフィン

セイルの扱い方を教わりボードを走らせるところまで。半日、1日、3日レッスンがある。

海の上を走る爽快感！
ウィンドサーフィン

材木座海岸は遠浅なので子どもや初心者でも安心してマリンスポーツにトライできる

体験 Informaiton
ウィンドサーフィン 体験スクール
海の上を風の力だけで走るウインドサーフィン。1日体験から3〜5日コースがある。道具レンタル料込み。水着・タオルを持参。

初心者歓迎♪

開催日時
毎日10:00〜16:00
🕐 6時間
¥ 6600円（10〜6月5500円）

海上さんぽなら
SUP

波が穏やかな日はのんびり、強い日は波乗りのようなスリル感！

シェイプアップにも

体験 Informaiton
SUP 体験スクール
スタンドアップパドルボードで海上散歩。半日コースで午前と午後を選べる。道具のレンタル料込み。水着・タオルを持参。

開催日時
毎日9:30〜12:00、13:00〜15:30
🕐 2時間30分
¥ 6600円（10〜6月5500円）

🏴 SUP／ウィンドサーフィン

ワイワイ楽しくマリンスポーツ
セブンシーズ
材木座のマリンスポーツの拠点として30年以上愛される。海を望むテラスやラウンジ、ショップなど設備充実。レッスン終了後は海を望む屋上テラスで夕日を眺めるのもいい。

🏠鎌倉市材木座6-16-35 ☎0467-22-5050
🕘9:00〜18:00 休無休 🚌バス停飯島から徒歩10秒 🚗P15台
材木座 ▶MAP 別P.4 A-3

鎌倉周辺の
BEACHをお散歩

©鎌倉市観光協会

東に逗子を望む
材木座海岸
ざいもくざかいがん
波が穏やかで遠浅のビーチ。マリンショップが多く、ウインドサーフィンなどで人気。>>>P.118
材木座 ▶MAP 別P.7 E-3

鎌倉を代表するビーチ
由比ヶ浜海岸
ゆいがはまかいがん
夏の海水浴と花火で有名。海水浴のオフシーズンはサーフィンの聖地に。>>>P.115
由比ヶ浜 ▶MAP 別P.6 C-3

富士山＆江の島を望む
七里ヶ浜海岸
しちりがはまかいがん
国道134号線と平行する長い海岸線。岩場や深い場所が多いため、遊泳は禁止。>>>P.117
七里ヶ浜 ▶MAP 別P.8 B-3

マリンスポーツも盛ん
片瀬東浜海水浴場
かたせひがしはまかいすいよくじょう
目の前に江の島、左手に腰越の小動岬を望む。近くには片瀬西浜・鵠沼海水浴場も。
江ノ島 ▶MAP 別P.12 C-2

 片瀬東浜海水浴場を東に行くと、腰越海岸。腰越海水浴場や腰越漁港、小動岬（こゆるぎみさき）がある。

TOURISM 13

庭園が自慢の見学スポットへ

花風景を訪ねてお庭さんぽ

見頃は初夏と秋！

バラ × 洋館

緑に包まれた文学の館

鎌倉文学館
かまくらぶんがくかん

明治23(1890)年頃に旧前田侯爵家の別邸が建設されたことが始まり。昭和11(1936)年に現在の洋館が建てられ、後に文学館として公開。敷地内には春と秋に見頃を迎える見事なバラ園が広がる。

🏠鎌倉市長谷1-5-3 ☎0467-23-3911 ⏰9:00～17:00（最終入館16:30)、10～2月～16:30（最終入館16:00) 🈹月曜（祝日の場合開館)、展示替期間 🈺展覧会により異なる 🚃江ノ電長谷駅から徒歩7分 🚗Pなし

長谷 ▶MAP 別P.6 C-1 >>>P.112

バラ園の向こうに洋館を望む。建物の背後と左右の三方を山に囲まれている

おさんぽコース

トンネルを通って洋館へ
チケット売り場から洋館＆庭園までは、ゆるやかなスロープを上がる。途中、招鶴洞と呼ばれる石造りのトンネルが。

洋館内部を見学
アールデコ様式の装飾が美しい館内では、鎌倉にゆかりの文学者の資料を展示。常設展のほか、さまざまな特別展を開催する。

ベランダから庭を眺める
2階の談話室前のベランダに出られる。建物前の芝庭の先に由比ヶ浜を望む。

バラ園を散策
約600㎡のバラ園に、約200種250株のバラが咲く。夏は5月中旬から6月中旬、秋は10月中旬から11月中旬が見頃。

なだらかな山々に囲まれた鎌倉は、緑豊かなスポットも多数。
季節の花が咲き誇る素敵な庭園と、貴重な建築物が残された、
絶景の見学スポットがこちら。

季節により異なる「花手水」は庭園のいたる所に

四季の花が美しい庭園を散策

一条恵観山荘
いちじょうえかんさんそう

江戸時代初期、皇族の別荘の離れとして造られた建物を、昭和34（1959）年に庭石や枯山水と共に移築。赤松、苔、カエデによる京都風庭園には、紫陽花やツバキ、ハギなど四季を通して花が咲く。一番人気は敷地内全体が色づく紅葉シーズン。

🏠 鎌倉市浄明寺5-1-10 ☎0467-53-7900 ⏰10:00～16:00（最終入園15:30）㊡シーズンにより異なる（HPを確認）㊰500円（建物見学は入園料込みで1500円）🚌バス停浄明寺から徒歩2分 🅿なし

金沢街道 ▶MAP 別P.3 F-2
>>>P.14、126 ※未就学児は入園不可

11月～12月上旬が見頃！

紅葉 × 日本家屋

朴訥とした茅葺屋根の山荘の内部は見学も可能

おさんぽコース

紅葉の小径を散策

庭園内には、敷地の脇を流れる滑川に沿ってカエデの木々が。紅葉の小径と呼ばれ、シーズン中は多くの人が訪れる。

ガイド付きの建物見学

重要文化財の一条恵観山荘の内部に入れる建物見学ツアーを不定期開催（日程はHPで確認を）。事前予約制。

建物内部の設えを見学

襖絵や畳のへり、炉など、サロン的に使われていた当時の姿が保存されている。縁側から庭園を眺めるのもおすすめ。

かふぇ楊梅亭へ！
やまももてい

見学の最後は、現代数寄屋建築の建物が素敵なカフェへ。滑川や紅葉の小径を望みながら休憩できる。

一条恵観山荘にある"かふぇ楊梅亭"では白玉あんみつ1300円、抹茶と季節の主菓子1100円を味わえる。

古都だけど自然もいっぱいなんです

実はハイキングも楽しいって聞いて

山と海に囲まれ、自然豊かな鎌倉。市内には現在、ハイキングコースが3つあり、街なかからのアクセスも良好。日帰りでも楽しめる、軽装でOKの手軽なコースを体験してみた！

HOW TO

ハイキングの装備

ゆるやかな坂が続くが、一部アップダウンが激しく滑りやすい場所も。歩きやすい服装にスニーカー、リュックなどの装備は必須。

公園でピクニック

源氏山公園や葛原岡神社周辺は観光客でにぎやか。お弁当やおやつを持参して、広場でピクニックを楽しむのもおすすめ。

都会の喧噪を離れて森の中でリラックス

神社や公園に寄り道

葛原岡・大仏ハイキングコース

くずはらおか・だいぶつハイキングコース

北鎌倉の浄智寺から鎌倉大仏の高徳院までのコース。途中神社などに寄り道してゆっくり歩いても、半日あれば十分。

☎0467-61-3884
（鎌倉市観光課）

北鎌倉 ▶MAP 別P.10 C-2（浄智寺入口）

所要2時間
約3km

START

JR北鎌倉駅
↓ 徒歩10分
① **浄智寺入口**
↓ 徒歩20分
② **葛原岡神社**
↓ 徒歩5分
③ **源氏山公園**
↓ 徒歩10分
④ **銭洗弁財天**
↓ 徒歩20分
⑤ **高徳院**
↓ 徒歩7分
江ノ電長谷駅

大仏
DAIBUTSU

START

① 浄智寺からスタート！　>>>P.121

鬱蒼とした緑に包まれた浄智寺からスタート。境内向かって左手の細い脇道からコースに入る。

徐々に上り坂の森の中へ

階段やゆるやかな上り坂があり、すぐに森の中へ。浄智寺でトイレや飲み物の調達を忘れずに。

② 葛原岡神社に到着　▶MAP 別P.10 A-3

20分ほどで源氏山に入り、葛原岡神社に到着する。縁結びにご利益があるという神社を参拝しよう。周辺はベンチもあり休憩できる。

縁むすび絵馬！

③ 自然豊かな源氏山公園へ　▶MAP 別P.10 A-3

神社から数分歩けば源氏山公園。紅葉や桜が美しく、広場があるのでピクニックを楽しむ人も多い。源頼朝像も。

④ ひと足のばして銭洗弁財天へ　>>>P.61

時間があれば、コースを少し外れて徒歩10分ほどの銭洗弁財天宇賀福神社へ。金運アップのご利益があるとして大人気。

境内には山の清水が湧く。水みくじに挑戦

海が見えるポイント発見！

その後はひたすら、静かな山道を歩く。道が狭い場所もあるので譲り合って通行しよう。コース終盤には急な下り坂も！

コースの途中に開けた場所を発見！鎌倉の街並みと海を見下ろす絶景ポイント。

ラストは急な下り坂に

⑤ 高徳院（鎌倉大仏）近くのトンネルでコースは終了　▶MAP 別P.6 B-1

階段を下ると県道32号線に出て、ハイキング終了（大仏側入口）。高徳院に立ち寄って、鎌倉大仏を参拝して帰ろう。

出口近くで焼き芋ゲット

🚩 **そのほかのハイキングコースも！**

祇園山ハイキングコース
ぎおんさん
鎌倉駅から：高時腹切やぐら〜八雲神社

🚶 30分　約1.5km（コース全長）

鎌倉駅が起点となりアクセス便利。祇園山を約30分かけて歩く軽めのコース。
※2022年1月現在、台風の影響で通行止め

天園ハイキングコース
てんえん
北鎌倉駅から：建長寺 半僧坊〜瑞泉寺

🚶 1時間30分　約5.5km（コース全長）

北鎌倉の建長寺から金沢街道の瑞泉寺を結ぶ本格派コース。北鎌倉側入口は建長寺境内のため拝観料が必要。
※2022年1月現在、台風の影響で一部通行止め

🐾 天園ハイキングコースには5つの出入口があるが、一部通行止めなので、鎌倉市観光協会HPで最新情報の確認を。

鎌倉幕府 HISTORY

鎌倉幕府300年を ざっくりまとめ。

康平6(1063)年　源頼義が八幡宮を勧請
平忠常の乱で活躍した源頼義に鎌倉の地が寄進された。京都の石清水八幡宮を勧請し、由比ヶ浜に祀った。

保元元(1156)年　保元の乱
崇徳上皇と弟の後白河天皇の皇位継承をめぐる争い。源氏・平氏の武力を利用し、源平合戦のきっかけになった。

平治元(1159)年　平治の乱
保元の乱では後白河天皇側だった源義朝と平清盛が政権を争う。平清盛が勝利し、平氏栄光の時代へ。

治承3(1179)年　平氏政権が興る
平治の乱で武勲をあげ、武士初の太政大臣に就任した平清盛が後白河上皇を都から追放し、平氏政権を興した。

治承4(1180)年　源頼朝が挙兵、鎌倉へ
伊豆に流されていた源頼朝が平氏打倒のため挙兵。源氏の氏神を祀る鶴岡八幡宮を中心に鎌倉の街を開発。

元暦2(1185)年　壇ノ浦の戦い
現在の山口県下関市で、源義経の活躍により平氏を滅ぼす。平氏の一族は海に身を投げて死亡した。

建久3(1192)年　頼朝、征夷大将軍に
源氏が政権を握り、事実上鎌倉幕府が成立。頼朝直属の武士は御家人と呼ばれ、封建制度で結ばれた。

建久10(1199)年　頼朝が急死、北条氏の台頭
頼朝の死をきっかけに、北条家が将軍をサポートする執権政治が始まる。北条家が政治の実権を握るように。

健保7(1219)年　源将軍家が途絶える
頼朝の子で3代将軍の実朝は、2代将軍だった兄・頼家の子、公暁に暗殺され源氏将軍家の血筋が途絶える。

承久3(1221)年　承久の乱
朝廷の権威を取り戻そうとした後鳥羽上皇が倒幕のため兵を挙げるが敗北。朝廷による倒幕の動きが始まる。

文永11(1274)年　蒙古襲来
モンゴル帝国が日本に遠征軍を2度派遣。幕府は撃退するが、膨大な戦費のため衰退し始める。

元弘3(1333)年　鎌倉幕府滅亡
北条氏の専制政治への不満が高まるなか、朝廷の後醍醐天皇の扇動で地方の武士が挙兵。鎌倉への侵入を許し、幕府は終焉を迎えた。

いざ！ 大河で話題の鎌倉へ

　後に鎌倉幕府の初代将軍となる源頼朝は、東・北・西を山に囲まれ、南は海に面する自然の砦・鎌倉を拠点と定めた。頼朝は京都を手本として街を開発。中心に鶴岡八幡宮を置き、平安京の朱雀大路にならい鶴岡八幡宮から由比ヶ浜に向かって真っすぐな道を造り、若宮大路と名付けた。若宮大路の中央の一段高い参道は段葛といい、妻・北条政子の安産を願って頼朝が造らせたという。山沿いの地域にも多くの仏教寺院が建設され、小さな漁村だったという鎌倉は武士の都として発展した。街に多くの文化をもたらした鎌倉幕府の隆盛は、2022年のNHK大河ドラマ『鎌倉殿の13人』でも描かれている。鎌倉幕府の歴史をひもとけば、鎌倉の街歩きがもっと楽しくなるはず。

八幡宮を勧請した由比ヶ浜

Episode1 12世紀中期〜後期

源平の争乱のなか、鎌倉を拠点に源頼朝が参戦

平安時代後期は、上皇が政治を執り行う院政の時代。地方では武士が勢力を強め、なかでも源氏と平氏が朝廷内で地位を築いていた。天皇家と摂関家が政権をめぐり争った保元・平治の乱では、両氏も二手に分かれて参戦。摂関家側の藤原氏と源氏を破り、天皇家側の後白河上皇と平清盛が勝利するが、後に平氏が政権を独占するように。平氏討伐のため源氏が立ち上がり、平治の乱で伊豆に流されていた源義朝の子・頼朝も旗揚げ。鎌倉を拠点に東国武士を従えた源氏が平氏を滅亡させた。

鎌倉は、頼朝の先祖・頼義が由比ヶ浜に八幡宮を祀ってから、東国における源氏の拠点だった

Episode2 12世紀後期

源氏政権のもと鎌倉で日本初の幕府が成立

平氏との戦いを弟の範頼・義経に任せていた頼朝は、鎌倉で武士政権の基礎固めをしていた。後白河法皇に東海道〜東北諸国の支配権を認めさせ、鎌倉を拠点に源氏政権を確立させていく。鎌倉の大倉（現在の雪ノ下）に御所（鎌倉殿）を造り、鶴岡八幡宮を現在の場所に遷座。軍事・警察機構の侍所、政務・財政を司る公文所、裁判所の問注所を置いて政治の仕組みを整えた。東北の奥州藤原氏を破り全国を支配下に置いた頼朝は征夷大将軍に任命され、名実共に政権執行者に。

頼朝が現在の場所に遷した鶴岡八幡宮（→P.18）。源氏の氏神として御家人の崇拝を集めた

Episode3 13世紀前期

13人の合議制が誕生後に北条氏が実権を握る

頼朝は自らの娘を天皇の后にし、朝廷とのつながりをより深めようとしていたが、その矢先に落馬が原因で急死。息子の頼家が18歳で2代目将軍に就任する。独善的な頼家のやり方に不安を覚えた母・北条政子と祖父・北条時政は頼家から権限を取り上げ、13人の有力御家人が政務を行うことになった。頼家と有力御家人が対立し、頼家は将軍の地位を追われて修禅寺に幽閉、翌年殺害された。頼家の弟・実朝が12歳で3代将軍になると、時政が執権となり実権を握る。

WHAT IS

13人の合議制

将軍の家臣である13人の御家人が将軍に代わって執政した制度。頼朝の義父・北条時政、時政の子・義時などがメンバー。2022年の大河ドラマのタイトルにもなった。

©鶴岡八幡宮

鎌倉殿の13人 大河ドラマ館→P.8

Episode4 13世紀前期〜14世紀前期

鎌倉幕府の終焉

実朝の執権となった北条時政以降、北条氏が代々執権政治を行い、実朝の母で時政の娘・政子、政子の弟・義時も政治に介入した。武家の法律「御成敗式目」などが制定され、北条氏の専制政治が続くが、朝廷の権力回復を目論む後醍醐天皇が倒幕を画策。北条氏に次ぐ幕府の権力者で、源氏の血を引く足利尊氏を味方につけた。さらに源氏の血を引く御家人・新田義貞も上野国から参戦し、稲村ヶ崎の海岸を突破し鎌倉に入ると、激戦の末、北条氏一族は自害。鎌倉幕府は滅亡した。

鎌倉時代に多くの新宗派が誕生！

鎌倉時代、仏教の新しい宗派が次々と誕生。建長寺や円覚寺などの臨済宗もそのひとつ
建長寺→P.58　円覚寺→P.70

鎌倉時代になって生まれた浄土宗、日蓮宗、臨済宗などの仏教の6つの宗派を「鎌倉仏教」と呼んだ。

TOURISM 社寺 仏像 禅寺 ご利益 坐禅&写経 お寺カフェ 体験 お庭 ハイキング

SHOPPING
01

自分みやげを探すなら
最旬セレクトショップをチェック

鎌倉にはオーナーのセンスが光るセレクトショップが多数。作家ものの器や
インポート雑貨など、ライフスタイルを彩るアイテムをゲットしてみては?

Shop 1

カフェも素敵な
器のセレクトショップへ

ショップは「くらし
の器や道具」が
テーマ。倉庫時代
のリフトにも注目

カフェメニューをオーダー

天井が高く開放的
なカフェ。手作り
スイーツや夏季限
定かき氷が人気

注目は増田勉さんの器!

カップ 2420円
長野県の作陶家・増
田勉さんの器。ちょ
こ3300円などサイ
ズも色々

**フラワーベース
8250円**
一輪挿しにもよさそ
うな花瓶。ひとつひ
とつ色合いが異なる
のも魅力

**カタラーナ
660円**
クレームブリュレをアイ
スのようにいただく。キャ
ラメルのほろ苦さが◎

**ネルドリップコーヒー
660円**
布のフィルターで抽出し
コクのある味わい。スイー
ツとのセットは1100円

海産物問屋の倉庫をリノベ
vuori
ブオリ
大正時代に造られた木造建築を利
用したお店。1階はネルドリップ
コーヒーを味わえるカフェ、2階は
器やガラス、木工などの工芸品や
アクセサリー、古書を販売するセ
レクトショップになっている。

🏠鎌倉市長谷1-15-1
☎0467-23-2450 🕐12:00〜18:
00(LO17:30) 🈺不定休(インスタ
グラムを確認) 🚃江ノ電長谷駅か
ら徒歩3分 🅿Pなし
長谷 ▶MAP 別P.6 B-2

ブローチ 各3960円
アクセサリー作家AKI KASARAさんの
銀彩ブローチ。磁器を3回焼成し、銀
を焼き付けている

ポストカード 各270円
ボタニカル柄が素敵なHutte.のポスト
カード。草花の模様を彫刻したスタン
プを押して作っている

 Shop 2

世界のクラフト雑貨で海外旅行気分を味わえちゃう

エスニックな雑貨が大集合

chahat カマクラ
チャハット カマクラ

インドやネパール、アフガニスタンなど、オーナーが世界各地で買い集めたテキスタイル、アクセサリー、雑貨、食品を集めたショップ。一点もののアイテムが多いので、訪れる度にラインナップが異なるのも楽しい。

🏠鎌倉市御成町13-31
☎0467-61-2272 🕚11:00〜19:00 ㊡水曜 🚃JR・江ノ電鎌倉駅から徒歩3分 🚗Pなし
鎌倉駅周辺 ▶MAP 別P.14 B-1

気分は世界旅行♪

店の建物は懐かしさを感じる木造古民家。なんと元焼肉店だとか

長財布　4180円
ひとつひとつ手作りされているカラフルな刺繍の財布。ラオスから輸入

ネックレス　6840円〜
アンティークのビーズを使ったネックレス。長さやデザインも多彩

テキスタイル　880円〜
インドのブロックプリントをはじめ、アジア各地の布が多彩にそろう

グルテンフリーのカレールー770円など日本各地のグローサリーも

Shop 3

キッチュな北欧雑貨にひと目惚れ♡

掘り出し物が見つかるかも

ピエニ・クローネ

こぢんまりとした店内には、オーナーが現地で買い付けたスウェーデンのライフスタイル雑貨がずらり。ムーミングッズや北欧各地のヴィンテージクロスも扱っている。

🏠鎌倉市御成町5-6 1-C
☎0467-25-0847 🕙10:30〜18:00 ㊡水曜 🚃JR・江ノ電鎌倉駅から徒歩2分 🚗Pなし
鎌倉駅周辺 ▶MAP 別P.7 F-1

**フィンランド白くま貯金箱
2640円**
フィンランドから直輸入。北欧らしいデザインがキュート！

北欧のハンカチを販売するハンカチ展など、不定期でイベントも開催

**ダーラナホースのオーナメント
各770円**
ダーラナホースはスウェーデンの民芸品。かわいい手のひらサイズ

🌸鳥や大仏モチーフのステーショナリーがかわいい、コトリ(→P87、89)もおすすめ。

85

 SHOPPING

セレクトショップ

雑貨

銘菓

手みやげ

市場

グルメ

クラフト

鎌倉のシンボリックな雑貨、集めてみました

江ノ電グッズ&ステーショナリー

江ノ電モチーフ

¥770

江ノ電手ぬぐい
鎌倉大仏や江の島など、江ノ電で巡れる名所をプリント。色違いで緑もある Ⓐ

¥648

江ノ電 瓦せんべい
リアルな江ノ電のオリジナル缶入り。瓦せんべいにも江ノ電をプリント！ Ⓐ

江ノ電グリーティングキャンディー
江ノ電沿線の風景が描かれた箱の中にミニサイズのキャンディが5つ Ⓐ

¥400

¥560

リアル2両 江ノ電ストラップ
江ノ電の鎌倉駅、江ノ島駅、藤沢駅だけで買える限定ストラップは、小さいのに超リアルと話題 Ⓐ

¥1080

TRIP PACK BOX（5個入り）
江ノ電沿線のシンボルを描いたイラストが素敵なドリップバッグコーヒーのセット Ⓑ

¥330

ステッカー
江ノ電×ロボットがコラボしたイラストがキュート。シールになっている Ⓑ

¥480

江ノ電グレープグミゼリー
藤沢のブランドぶどうのグミ。乗客まで描かれた江ノ電ボックス入り Ⓐ

¥385

江ノ電ふせんセット
定番の300形やレトロな10形、最新型の500形など、5種類の江ノ電がそろっている Ⓐ

¥1080

江ノ電 和三盆
江ノ電や紫陽花など、鎌倉のシンボルをかたどった小さな和三盆が11個 Ⓐ

Ⓐ 便利なエキナカのショップ
ことのいち鎌倉
ことのいちかまくら

江ノ電の鎌倉駅改札内にあるショップ。ステーショナリーやお菓子など江ノ電グッズが充実している。鎌倉の定番のお菓子もあるので、おみやげのまとめ買いにぴったり。

🏠江ノ電鎌倉駅構内 ☎0466-23-2351（江ノ電エリアサービス）　⏰10:00〜18:00（季節により変動あり）　休無休
❌江ノ電鎌倉駅直結　🚗Pなし
鎌倉駅周辺 ▶MAP 別P.14 A-2　　　>>>P.96、97

Ⓑ 遊び心のある鎌倉グッズ
WELKAM
ウェルカム

オーナーでデザイナーの水谷さんがデザインを手掛ける雑貨ショップ。鎌倉・湘南のアイコニックなオリジナルアイテムが所狭しと並ぶ。パーカーやキャップなどアパレルも。

🏠鎌倉市雪ノ下1-4-26 ウェルハウス1F　☎0467-23-0771
⏰11:00〜17:00、土・日曜・祝日10:00〜18:00　休無休
❌JR・江ノ電鎌倉駅から徒歩7分　🚗Pなし
鎌倉駅周辺 ▶MAP 別P.15 F-2　　　>>>P.89

鎌倉ならではのアイテムが欲しい！それなら、江ノ電モチーフのグッズが集まるショップや、旅の気分をアップさせてくれるステーショナリーのお店へGO。

**江ノ電鎌倉駅で買える
テイクアウトグルメも！**

駅構内にあることのいち鎌倉（→P.86）内にある駿河屋本舗では、鎌倉名物のコロッケを販売。揚げたてを味わえる。

Big鎌倉コロッケ
200円。サクサクの衣がクセになる

ステーショナリー

ミニカード 各¥275
オリジナルイラストが素敵なミニカード。ひと言メッセージを添えたいときに **C**

謹製コトリ飴 メロンソーダ味
オリジナルデザインのぽち袋の中に、飴職人が作る小鳥の図柄の組み飴が5つ **C**

¥495

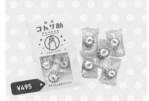

¥198

ポストカード
クラフト紙に2色刷りで鎌倉の地図を描いたレトロなポストカード **C**

¥660

旅の自由帳
旅程や持ち物を書き込んで「旅のしおり」が作れるノート

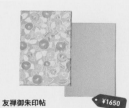

¥1650

友禅御朱印帖
表紙は花柄、裏は無地のネオンカラーがおしゃれ。鎌倉のお寺めぐりのお供に **D**

各¥440

刺繍のしおり
刺繍の布製ブックマーカー。富士山や千鳥など和のモチーフが◎ **D**

各¥275

ぽち袋
アイスのイラストがかわいいぽち袋。色柄ともにバリエ豊富で集めたくなる！ **D**

¥825

3Dカード
鎌倉在住のアーティストが作る3Dカード。組み立てればインテリアにもなる **D**

¥3410

御朱印帳
和風デザインの御朱印帳。レーザー加工された木製の表紙は高級感満点 **D**

C レトロキッチュな文房具店
コトリ

鎌倉駅からひと足のばした静かな一角にあるステーショナリーの店。店名にもある鳥や、大仏さまをモチーフにしたものなど、オリジナルの文房具はバリエーション豊か。

🏠鎌倉市大町2-1-11 ☎0467-40-4913 🕐11:00〜18:00 ㊡月曜不定休 🚉JR・江ノ電鎌倉駅から徒歩7分 🚗Pなし

鎌倉駅周辺 ▶MAP 別P.7 F-2 >>>P.89

D ペーパーアイテムが豊富
TUZURU
ツズル

隠れ家のような文房具店。レターセットやメモ帳、ぽち袋などシリーズでそろえたくなるペーパーアイテムや、おしゃれな御朱印帳など幅広い品ぞろえ。

🏠鎌倉市扇ガ谷1-1-4 ☎0467-24-6569 🕐11:00〜17:00 ㊡水曜 🚉JR・江ノ電鎌倉駅から徒歩3分 🚗Pなし

鎌倉駅周辺 ▶MAP 別P.14 B-1

鎌倉らしい雑貨といえば！
アイコニックなハト＆大仏グッズ集め

鳩サブレーマグネット
700円(5個入り)

鳩サブレやショッパーをかたどったマグネット。小さくても磁力はスゴイ

鳩サブレー ジッパーバッグ
800円(12枚入り)

B5、B6、A7とサイズは3種類。キッチンアイテムとしても、旅行用の小分け袋としても大活躍

シンプルイズベスト

鳩三郎　500円

まるで本物の鳩サブレーのような根付け。ファスナートップにすると◎

使うのがもったいない

鳩も綿のハンカチーフ
800円

ハトの刺繍がポイントのタオルハンカチ。パイピングの色は黄、赤、青の3種類

PIGEON

鳩クリップス　700円

ハトの形のクリップはシルバーとホワイトの2種類入り。ケース付き

勉強が楽しくなる

小鳩豆消　900円

お弁当箱のようなケースの中には小さな消しゴムが6個。ハト中にはさらに小さなハートのちび消しゴムが！

ミニ 鳩っといって
400円

鎌倉を満喫する鳩サブレーのキャラクターなど、7種類のミニサイズふせん

🕊 WHY

鎌倉のシンボルがハトなワケ

鎌倉の観光名所、鶴岡八幡宮の八幡神のお使いとして大切にされているのが白いハト。鶴岡八幡宮の本宮に記されている「八」の字は、よく見ると向かい合わせのハトになっている。

限定グッズが続々登場

豊島屋 本店
としまや ほんてん

不動の人気の鎌倉銘菓、鳩サブレーで知られる豊島屋。若宮大路にある本店で、鳩サブレーに負けない人気ぶりなのが、ここでしか買えないオリジナルのハトグッズ。ステーショナリーを中心とした愛らしい小物の数々は、大人も子どもも夢中になること間違いなし。新作アイテムも随時登場し、発表される度にSNSで話題に。

🏠鎌倉市小町2-11-19　☎0467-25-0810
🕘9:00〜19:00　⊗水曜不定休　🚃JR・江ノ電鎌倉駅から徒歩6分　🅿なし

鎌倉駅周辺　▶MAP 別P.14 C-2　>>>P.17、20、90

鎌倉を歩くとよく目かけるのが、ハトや大仏さまのモチーフ。
どちらも鎌倉を象徴する存在ということで、いろいろなアイテムに
デザインされて愛されている。豊島屋 本店だけで買える鳩サブレーのグッズや、
クリエーターが手掛けるおしゃれな大仏グッズに注目！

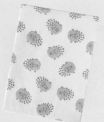

小袋（2枚入り）　165円
ポップな原色の大仏さまが
かわいい紙製の封筒 Ⓐ

エコバッグ
1320円
旅行のとき、おみやげを入
れるサブバッグに便利な布
製のエコバッグ Ⓑ

TRICK PACK COFFEE
216円
貴重なトラジャ豆を使った
オリジナルブレンドのドリッ
プバッグコーヒー Ⓑ

スマイリー
ブッダ

パズルキーホルダー
440円
小さな大仏さまのスライド
パズルがキーホルダーに
なっている Ⓑ

THANK YOU
HAVE A NICE TRIP!

大仏のポストカード
165円
ネオンカラーがかわいい大
仏さまのポストカード。色
違いもある Ⓐ

BUDDHA

ブックマーク　275円
ネオンカラーな大仏さまが
描かれた紙製のしおり。裏
にメモが書けるようになっ
ている Ⓐ

KAMAKURA KOTORI

なんだか
めでたい

切手　363円
実際に郵便で使える切手。
シールになってるのが便利。
63円と84円切手のセット

シールに
なってる♪

ステッカー
330円
ニコちゃんマークと大仏さ
まのコラボ!? オリジナルデ
ザインのステッカー Ⓑ

Ⓐ ペーパーアイテムに夢中に♡
コトリ

ポストカードや封筒など、オリジナ
ルデザインのペーパーアイテムが
豊富なステーショナリーの店。なか
でも原色や蛍光で描かれた大仏さ
まのアイテムは、鎌倉らしくもなん
だか新しいと大人気。

🏠鎌倉市大町 2-1-11
☎0467-40-4913　🕚11:00 〜 18:
00　🈡月曜不定休　🚃JR・江ノ電鎌
倉駅から徒歩7分　🅿なし
鎌倉駅周辺 ▶MAP 別 P.4 A-2
>>>P.87

Ⓑ ポップな大仏グッズに注目
WELKAM
ウェルカム

スマイリーブッダをはじめ、店内に
並ぶ鎌倉モチーフのグッズは全て
オリジナルデザイン。商品はオンラ
インでも購入できる。店名の由来
は"WELCOME TO KAMAKURA"。

🏠鎌倉市雪ノ下1-4-26 ウェルハウ
ス1F　☎0467-23-0771　🕚11:00 〜
17:00、土・日曜・祝日10:00 〜 18:
00　🈡無休　🚃JR・江ノ電鎌倉駅か
ら徒歩9分　🅿なし
鎌倉駅周辺 ▶MAP 別 P.15 E-2
>>>P.86

コレを買わなきゃ帰れません！

王道にして最強な銘菓をハント

ハズレなしの鎌倉みやげなら、長い間地元で愛されてきた老舗の銘菓をチョイス。
懐かしい味わいのシンプルなお菓子たちは、万人ウケすること請け合い。

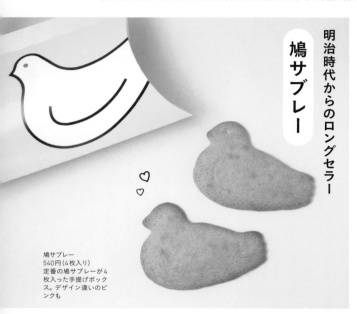

明治時代からのロングセラー
鳩サブレー

鳩サブレー
540円（4枚入り）
定番の鳩サブレーが4枚入った手提げボックス。デザイン違いのピンクも

創業は明治27（1894）年！
豊島屋 本店
としまや ほんてん

明治30年頃、欧州のお菓子をヒントに作られたのが鳩サブレー。鶴岡八幡宮の神の使いであるハトをかたどっている。ほんのり甘いサブレーは、小麦、バター、卵を使ったシンプルながら食べ飽きないおいしさ。

🏠鎌倉市小町2-11-19
☎0467-25-0810　🕘9:00～19:00
㊡水曜不定休　🚃JR・江ノ電鎌倉駅から徒歩6分　🅿Pなし
`鎌倉駅周辺` ▶MAP 別P.14 C-2
>>>P.17、20、88

ボックスが
かわいい！

和洋折衷のお菓子が充実
鎌倉紅谷 八幡宮前本店
かまくらべにや はちまんぐうまえほんてん

鎌倉で創業した鎌倉紅谷の看板商品・クルミッ子は、クルミをぎっしり詰め込んだ自家製キャラメルをバターたっぷりの生地でサンドした焼菓子。しっかりとした甘さのキャラメルはほろ苦さもありバランス抜群。

🏠鎌倉市雪ノ下1-12-4
☎0467-22-3492　🕘9:30～17:30、
土・日曜・祝日～18:00　㊡無休
🚃JR・江ノ電鎌倉駅から徒歩8分
🅿P提携駐車場を利用
`鎌倉駅周辺` ▶MAP 別P.15 F-3

キャラメルの甘さ際立つ
クルミッ子

クルミッ子
1242円（8個入り）
ギフトにもぴったりのボックス入り。鎌倉にリスが多いこと、クルミはリスの好物であることから着想を得て生まれた

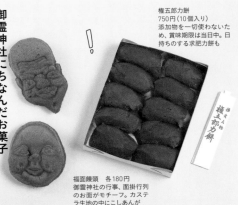

力餅&福面饅頭

御霊神社にちなんだお菓子

権五郎力餅
750円(10個入り)
添加物を一切使わないため、賞味期限は当日中。日持ちのする求肥力餅も

福面饅頭　各180円
御霊神社の行事、面掛行列のお面がモチーフ。カステラ生地の中にこしあんが

権五郎力餅は10個入りと16個入り1300円がある

江戸時代から続く老舗

力餅家
ちからもちや

創業から300年以上、9代続く和菓子店。店名にもある力餅は、御霊神社の「力石」に供えたお菓子にちなんでいる。つきたてのお餅をなめらかなこしあんで包む、創業当時から変わらない製法。

🏠鎌倉市坂ノ下18-18
☎0467-22-0513　🕐9:00～18:00
🈺水曜・第3火曜　🚉江ノ電長谷駅から徒歩4分　🚗P契約駐車場を利用
長谷 ▶MAP 別P.6 B-3

和菓子屋のモンブラン-小波-999円も人気

和洋折衷のお菓子が評判

鎌倉五郎本店
鎌倉小町通り本店
かまくらごろうほんてん かまくらこまちどおりほんてん

小町通りにある和菓子専門店。手みやげとしておなじみの鎌倉半月は、サクサクのゴーフレットに小倉や抹茶などの和風クリームを挟んだ上品な甘さの鎌倉銘菓。季節限定フレーバーも随時登場する。

🏠鎌倉市 小町 2-9-2　☎0120-07-1156
🕐10:00～18:00　🈺無休　🚉JR・江ノ電
鎌倉駅から徒歩3分　🚗Pなし
鎌倉駅周辺 ▶MAP 別P.14 C-2

上品な和風ゴーフレット
鎌倉半月

鎌倉半月
617円(6枚入り)
定番の小倉3枚、抹茶3枚の詰め合わせ。クリームだけでなく生地にも小倉と抹茶が練り込まれている

かまくらボーロ
キュートな缶入りがうれしい

かまくらボーロ
972円(10枚缶入り)
紫陽花の花をモチーフにした、どこか懐かしい味わいのボーロ。鎌倉のシンボルをデザインしたオリジナル缶入り

看板商品のかまくらカスター141円～もぜひ

50年以上愛されるスイーツの店

鎌倉ニュージャーマン
鎌倉本店
かまくらニュージャーマン かまくらほんてん

看板銘菓のかまくらカスターで有名な鎌倉ニュージャーマンに、2021年8月に新登場したのが缶入りのかまくらボーロ。ほのかに香るバターの風味とサクサク食感がおいしさの秘密。

🏠鎌倉市 小町 1-5-2　☎0467-23-3851
🕐10:00～18:00　🈺無休　🚉JR・江ノ電
鎌倉駅から徒歩1分　🚗Pなし
鎌倉駅周辺 ▶MAP 別P.14 B-2

🕊️鳩サブレーは鎌倉駅前にある扉店、北鎌倉駅前店、ことのいち鎌倉(→P.86)などでも買える。

おみやげにぴったりのスイーツなら♡

鎌倉ラバー注目の手みやげスイーツ

Cannele
カヌレ

Fruits Daifuku
フルーツ大福

いちご 680円〜
甘みと酸味のバランスが
いいブランドいちご使用

みかん 572円〜
糖度の高い愛媛県産み
かんを丸ごと。秋冬限定

イチジク 1058円
最高級の桝井ドーフィン
を使用！

マスカット 583円
華やかな香りが特徴の
完熟シャインマスカット

赤い糸で縁を結ぶ！
宝石のようなフルーツ大福

テイクアウトも可能。曲げわっぱのギ
フトボックスがかわいい

プレーン（大） 400円
食べ応えのある大きめサイ
ズ。小さめサイズもあり

プレーン×ビオラ
380円
バニラビーンズとラム酒を
使った定番の味

エディブルフラワーがのった
グルテンフリーのカヌレ

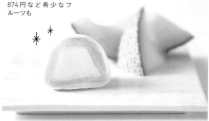

1本の苗に1玉しか実ら
ないメロン、一果相伝
874円など希少なフ
ルーツも

週末だけオープンするカヌレ専門店

元小道具店の古民家を
改装した素敵なお店

マヤノカヌレ

2021年5月にオープンしたグルテンフリーのカヌレのお店。
米粉を使って焼き上げたカヌレは、もっちり食感にトロッと
した半熟感が魅力で、客足が途絶えない人気ぶり。プレー
ンのほかに、カモミールやラベンダーなど、香りを重視した
週替わりフレーバーが楽しみ。

🏠鎌倉市山ノ内510 ☎0467-37-9426 🕚11:00〜16:00
🈺月〜木曜 🚉JR北鎌倉駅から徒歩1分 🅿なし

北鎌倉 ▶MAP 別 P.10 B-1

>>>P.20、124

2021年6月、北鎌倉駅前にオープン

蔵造りの建物が目印。大
福は赤い糸でカットする

果実大福 華菱 鎌倉本店
かじつだいふく はなびし かまくらほんてん

福岡で創業したフルーツ大福の専門店が北鎌倉に登場。全
国から選りすぐりの高級フルーツと白餡を、羽二重粉の求
肥で包んだフルーツ大福は、職人がひとつひとつ手包みし
たもの。テイクアウトもイートインもOK。

🏠鎌倉市山ノ内495-9 1F ☎0467-22-1115
🕘9:00〜16:00（売り切れ次第閉店） 🈺無休
🚉JR北鎌倉駅から徒歩1分 🅿なし

北鎌倉 ▶MAP 別 P.10 B-1

今、鎌倉で話題のスイーツが食べたい！そんなときは、地元の人たちが
ここぞというときに選ぶ手みやげスイーツをチョイスすれば間違いなし。
最近オープンしたニューフェイスや、鎌倉を拠点にする菓子研究家の人気店も！

Bake&Confiture
≈ 焼菓子＆コンフィチュール ≈

メゾンセット1
1470円（9枚入り）
6種類のサブレの詰
め合わせ。ギフト
ボックス入り

いがらし ろみさんプロデュースの手作り焼菓子♪

いちごとフランボワーズの
ジャム　790円
さらりとしたテクスチャーが
特徴の一番人気のジャム

国産レモンの
レモネードシロップ
1130円
広島県産レモンを使用。オ
レンジの花のハチミツ入り

Cake&Macaron
≈ ケーキ＆マカロン ≈

和素材を取り入れた新感覚スイーツ♡

KAMAKURA　850円
宇治抹茶クリームとマダガスカル産カ
カオのショコラクリームのケーキ

ショコラ・フランボワーズ　850円
チョコレートの深い香りと甘酸っ
ぱいフランボワーズが大人の味わ
いのケーキ

マカロンジャポネ　380円～
丹波和栗×フランボワーズな
ど、日本のこだわり食材との
掛け合わせも魅力

ティータイムを彩るアイテムたち
若宮大路に面するジャ
ムと焼菓子専門のお店

Romi-Unie Confiture
ロミ ユニ コンフィチュール

菓子研究家いがらし ろみさんがプロデュースする、コン
フィチュールと焼菓子が評判。店内のアトリエで手作りさ
れるコンフィチュールは約30種類。サブレやスコーン、
ケーキなど焼菓子のほか、紅茶やシロップも扱っている。

🏠鎌倉市小町2-15-11　☎0467-61-3033
🕙10：00～18：00（ジャムの量り売りは～17：00）
🈺無休　🚉JR・江ノ電鎌倉駅から徒歩5分　🚗Pなし
鎌倉駅周辺 ▶MAP 別P.14 C-3　　　　>>>P.105

フランス菓子と和素材の融合
店内にはイートインス
ペースもある

la boutique de yukinoshita kamakura
ラ ブティック ドゥ ユキノシタ カマクラ

パティスリー雪の下が2021年3月にオープンしたマカロ
ン＆ケーキの店。シチリア産アーモンドを使用した生地に、
バタークリームや自家製コンフィチュール、ショコラガ
ナッシュをしのばせたマカロン・ジャポネは約10種類。

🏠鎌倉市小町2-12-25　☎0467-53-9692
🕙10：00～18：00　🈺不定休
🚉JR・江ノ電鎌倉駅から徒歩6分　🚗Pなし
鎌倉駅周辺 ▶MAP 別P.15 D-2

鎌倉野菜を手に入れるならココ！鎌倉の台所

レンバイを覗いてみる

早起きして出かけたい
農家直売の野菜市場へ♪

とれたての鎌倉野菜が集まる
鎌倉市農協連即売所
かまくらしのうきょうれんそくばいじょ

昭和3(1928)年に発足した歴史ある野菜の即売所。22軒の農家が加盟し、毎日5〜6店が交代で出店するマルシェスタイル。とれたての鎌倉野菜を販売するので、鮮度は抜群。夏は葉物やトマト、冬は根菜など、多彩な野菜が並び、鎌倉の四季を感じることができる。

🏠鎌倉市小町1-13-10　☎なし
🕐8:00〜日没　休無休　🚃JR・江
ノ電鎌倉駅から徒歩3分　🅿Pなし
`鎌倉駅周辺`　▶MAP 別P.7 F-1

レンバイでしたいこと
☑季節の鎌倉野菜をゲット
☑グルメスポットをチェック

店先には種類豊富な地元の野菜がずらりと並ぶ

隣接する鎌倉中央食品市場にある！レンバイ内のグルメSPOT

 チーズ

贅沢な燻製チーズは絶品
北鎌倉燻製工房
きたかまくらくんせいこうぼう

ひと晩じっくりスモークしたクルミ入りの燻製チーズが自慢の店。ウイスキー樽を粉砕したスモークチップを使い、ワインにぴったりの大人な味。
☎050-3567-7142
🕐10:30〜16:30　休無休

 干物

種類豊富な干物を販売
ヨリドコロ レンバイ市場店
ヨリドコロ レンバイいちばてん

朝食で人気のカフェ、ヨリドコロの干物を買える店。あじやいわしなど定番もののほか、干ししらすなど鎌倉ならではのものも。人気はさばみりん。
☎0467-60-6170
🕐9:00〜16:00　休月曜

 パン

個性派ベーカリー＆カフェ
PARADISE ALLEY BREAD & CO.
パラダイス アレイ ブレッドカンパニー

レンバイで仕入れた野菜やハーブを使った自家製酵母パンの店。小麦粉を振って作る模様がかわいいと話題に。店内にはイートインスペースも。
☎0467-84-7203　🕐7:30〜17:00(売り切れ次第閉店)　休不定休

クルミ入り手づくり
スモークチーズ880円

スモークドーナッツ
120g880円

さばみりん
650円

あんぱん
各230円

チョコ330円

鎌倉駅のすぐ近くに、"レンバイ"の名前で親しまれる市場があると聞いて鎌倉市農協連即売所へ。活気あふれる場内には、新鮮な鎌倉野菜がずらりと並び、見ているだけでも楽しい。農家の人たちにおすすめや料理方法を教えてもらえるのもうれしいところ。

紅芯大根、むらさき大根、黒大根など、大根ひとつとってもいろいろな種類があり、カラフル。農家との交流も楽しい

気軽に見て行ってね！

WHAT IS

レンバイ

鎌倉市内と横浜市長尾台町の農家が、自分たちで生産した農作物を自ら販売する農作物直売所。愛称は農協連即売所を略して"レンバイ"。

🏳 そのほかの市場

ホテルの駐車場に出現!?

鎌倉漁業協同組合の朝市

かまくらぎょぎょうきょうどうくみあいのあさいち

月に1回、新鮮な魚介類と鎌倉野菜の直売を行う。10月は「魚まつり」として通常より盛大に開催される。

🏠 鎌倉市坂ノ下33-6（鎌倉パークホテル 正面駐車場）
☎0467-22-3403（鎌倉漁業協同組合）🕐毎月第1日曜 10:00〜売り切れ次第終了
🈺1〜3月、8·9月 🚃江ノ電極楽寺駅から徒歩12分 🅿P50台
極楽寺 ▶MAP 別P.6 A-3
※2022年1月現在、新型コロナウイルスの影響で休止中

腰越漁港内で開催

腰越漁業協同組合の朝市

こしごえぎょぎょうきょうどうくみあいのあさいち

腰越漁港でとれる新鮮な海産物を扱う。鎌倉野菜や地元の豆腐店の手作り豆腐なども購入できるとして人気。

🏠 鎌倉市腰越2-9-1（腰越漁港）
☎0467-32-4743（腰越漁業協同組合）🕐3月の第3木曜、4〜7月の第1·3木曜、9〜11月の第1·3木曜、12月の第1木曜日 10:00〜売り切れ次第終了
🈺1·2月、8月、荒天時·不漁時 🚃江ノ電腰越駅から徒歩2分 🚗Pなし（腰越漁港の駐車場を利用）
腰越 ▶MAP 別P.8 A-1
※2022年1月現在、新型コロナウイルスの影響で休止中

乾物

昔ながらの乾物店を発見！

三橋食品

みはししょくひん

千葉県九十九里の伸子いか（スルメイカ）の煮干し、長崎県平戸のアゴ（トビウオ）の煮干しなど、種類豊富な乾物を扱う。そのまま食べたり煮物料理に。
☎0467-25-0420
🕐8：00〜18：00 🈺不定休

全国各地の乾物が集まる。仕入れは日により異なる

しんこいか
100g（380円）

テイクアウトで楽しめる

グルメみやげでおうち鎌倉する

鎌倉のおいしいものを持ち帰り、自宅で「おうち鎌倉」してみたい！
願いを叶える名物グルメがこちら。

ハム＆ソーセージ

和素材が新しい！あらびき感◎のソーセージ

醤油ニラ生姜

豆乳舞茸

椎茸＆昆布

サムライソーセージ
各450円
旨みたっぷりの椎茸昆布、まろやかな豆乳舞茸、パンチの効いた醤油ニラ生姜、味噌山椒など、素材の組み合わせが最高！

おうちPOINT
オンライン注文も可能。定番7種がセットになった「7人の侍」は3024円

新感覚の絶品ソーセージ
サムライソーセージ

2020年6月、若宮大路にオープン。椎茸や大葉、味噌、昆布など和素材を使ったソーセージの専門店。店頭で焼いたアツアツを味わえるほか、冷凍品のテイクアウトもできる。

🏠鎌倉市雪ノ下1-9-29　☎非公開　🕙10:00〜不定
㊡不定休　🚃JR・江ノ電鎌倉駅から徒歩6分　🚗Pなし
鎌倉駅周辺　▶MAP 別P.15 E-2

明治時代からの伝統を受け継ぐ鎌倉ハム富岡商会

ハムステーキがおすすめ

熟成布巻きロースハム
5400円(600g)
職人の手で布巻きし、さくらチップでじっくりスモーク。約2週間かけて作られる伝統の味

おうちPOINT
そのまま食べてもおいしい「鎌倉煮」を野菜と一緒に煮れば立派なおかずに

鎌倉煮(醤油味)
594円(180g)
醤油ベースの特製ダレでやわらかく煮込んだ豚バラ肉の角煮。袋のまま湯煎OK

言わずと知れた老舗がコチラ
鎌倉ハム富岡商会 鎌倉小町 本店
かまくらハム とみおかしょうかい かまくらこまち ほんてん

明治33(1900)年創業の老舗。百貨店などでもおなじみの伝統の布巻きハムをはじめ、多彩な商品がそろっているのが小町通りにある本店。オンラインショップも。

🏠鎌倉市小町2-2-19 相模屋ビル1F　☎0467-25-1864
🕙10:00〜18:00　㊡水曜
🚃JR・江ノ電鎌倉駅から徒歩3分　🚗Pなし
鎌倉駅周辺　▶MAP 別P.14 C-2

ビール

鎌倉生まれのクラフトビールでおうち飲み会してみては？

アルトビール

特別醸造

鎌倉ビール 月
590円
鎌倉市唯一のビール醸造所で造るクラフトビール。ペールエールなどもあり

おばあちゃんちの梅サワーエール
660円
地元の梅を使った特別醸造のビール。すっきりとした酸味がクセになる！

エキナカで調達！
ことのいち鎌倉
ことのいちかまくら

江ノ電鎌倉駅の改札内にあるおみやげショップ。江ノ電グッズや定番のお菓子を扱うほか、クラフトビールや鎌倉ブランドの調味料など、グルメみやげも充実している。

🏠江ノ電鎌倉駅構内　☎0466-23-2351(江ノ電エリアサービス)　🕙10:00〜18:00(季節により変動あり)　㊡無休　🚃江ノ電鎌倉駅直結　🚗Pなし
鎌倉駅周辺　▶MAP 別P.14 A-2　　　>>>P.86、97

いなり寿司

ハイキングのお供にも♪
鎌倉＆湘南素材のいなり寿司

湘南しらす稲荷（小）
700円
釜揚げしらすを3時間ほど天日干しし、ほどよい堅さ＆塩味に

はんなりうなぎの玉子焼き
900円
うなぎを巻いたちょっとリッチな玉子焼き。湘南しらすの玉子焼きも人気

テイクアウトもイートインも

はんなりいなり 鎌倉小町通り本店
はんなりいなり かまくらこまちどおりほんてん

国産100％大豆の油揚げを使用したジューシーないなり寿司が人気。手軽に食べられるカップ寿司やしらす入りの玉子焼きなどもありイートインも可能。

🏠鎌倉市小町2-8-6 1Fa ☎0467-23-7399 🕙10:00〜19:00 🈲無休 🚃JR・江ノ電鎌倉駅から徒歩3分 🚗Pなし

鎌倉駅周辺 ▶MAP 別 P.15 D-2

調味料

朝ごはんに食べたい
贅沢なふりかけ

定番

梅味

じゃこふりかけ
各432円
「しらす山椒」などご飯の供で知られる鎌倉 とも乃のふりかけ。カリカリに揚げたカタクチイワシをカツオ風味に仕上げており、朝食にぴったり

🏠おうちPOINT
ふりかけはプレーン、梅肉入り、柚子胡椒と、食べ比べしたくなる3種類

鎌倉ブランドのグルメみやげも

ことのいち鎌倉
ことのいちかまくら

鎌倉駅周辺 ▶MAP 別 P.14 A-2 　　　 >>>P.86、96

はんぺん

昭和初期創業！
伝統の味をいただく

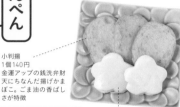

小判揚
1個140円
金運アップの銭洗弁財天にちなんだ揚げかまぼこ。ごま油の香ばしさが特徴

梅花はんぺん
1枚275円
かまぼこと同じ生地で作る風味豊かなはんぺん。わさびとともに醤油で

縁起もののはんぺん＆かまぼこ

井上蒲鉾店 由比ガ浜本店
いのうえかまぼこてん ゆいがはまほんてん

毎日新鮮な白身魚から作られる、風味豊かなかまぼこの有名店。定番の御蒲鉾のほか、梅の花をモチーフにした梅花はんぺんや小判揚もロングセラー商品。

🏠鎌倉市由比ガ浜1-12-7 ☎0467-22-1133 🕙8:30〜18:30 🈲水曜 🚃江ノ電和田塚駅から徒歩4分 🚗Pなし

和田塚 ▶MAP 別 P.7 E-2

干物

鎌倉の朝ごはんを
おうちで再現してみる？‼

大きなカマス

かます 870円
大ぶりのものだけを選別。脂がのりつつも上品な味わいが魅力

さばみりん 650円
醤油とみりんを使った独自の味付けの人気商品

干物カフェの自慢の逸品

ヨリドコロ

全国から厳選された無添加の干物がメインの定食の店。お店で味わえる干物を購入して自宅で楽しめる。アジやサバ、カマスのほか、えぼ鯛やしらすなど種類豊富。

🏠鎌倉市稲村ガ崎1-12-16 ☎0467-40-5737 🕙7:00〜18:00 🈲無休 🚃江ノ電稲村ヶ崎駅から徒歩2分 🚗Pなし

稲村ヶ崎 ▶MAP 別 P.9 F-3 　　　 >>>P.37、40

SHOPPING
08

伝統工芸の鎌倉彫はマスト

一生ものの鎌倉クラフトに出合う

鎌倉で自分みやげに欲しいのは、長く使える手作りのもの。鎌倉彫会館では、職人が作った鎌倉彫の作品を買えるだけでなく、自分で作ることもできる。

鎌倉彫会館で
買う×見る×作る

俱利
guri

鎌倉彫会館の1階にある鎌倉彫ショップ俱利。一点ものの作品に出合える

鎌倉彫の魅力に出合える
鎌倉彫会館
かまくらぼりかいかん

鎌倉彫協同組合により設立された、鎌倉彫の活動拠点。資料館やショップ、カフェ、ギャラリー、体験文化教室があり、誰でも気軽に鎌倉彫の魅力に触れることができる。ショップには、組合に加盟する複数の工房の作品が集まっている。

🏠鎌倉市小町2-15-13 ☎0467-25-1500 🕐🈺施設により異なる 🚉JR・江ノ電鎌倉駅から徒歩5分 🅿なし

鎌倉駅周辺 ▶ MAP 別 P.14 C-3

自分だけの
鎌倉彫作品を作る

完成！

♪

体験 Informaiton

2時間体験教室
専任講師のレクチャーで、図柄の描かれた木地を彫刻刀で彫り、自分だけの作品を作る。図案は鳥、魚、柘榴、椿、桔梗、桜、紅葉の7種類から選べる。

開催日時 第2・4土曜、第1・3日曜の10:00〜
🕐 **2時間**
¥ 丸盆3800円（漆塗り仕上げは別途4900円〜）

体験の流れ

①

レクチャーを受ける
まずは鎌倉彫の歴史や製法の説明から。彫りの角度や深さによって遠近感やボリュームなどを表現できるそう

②
意外と力が必要！

実際に彫ってみる
木地を彫ることを「たち込み」と呼ぶ。最も基本的な彫り方で、実際に木地を彫る。絵付けの線に沿って彫り進めていく

③

修正＆仕上げ
難しいところは先生に手伝ってもらってもOK。漆塗りの仕上げをする場合は完成まで約2カ月かかる

🐦 WHAT IS

鎌倉彫

彫刻を施した木地に漆を塗った工芸品。13世紀半ばに宋から伝わった彫漆品から影響を受け、鎌倉の仏師たちが木彫彩漆の仏具を作ったのが始まりと言われる。

帯留めとしても使える
ブローチ7700円〜など

1F ショップで買う

食器やカトラリー、アクセサリーなど多彩な作品をそろえるショップ。ひとつひとつ職人が作るので、商品は全て一点物。

鎌倉彫ショップ倶利
かまくらぼりショップぐり
🕘9:15〜17:00
🏠無休

1F カフェで使う

鎌倉彫の食器やお箸、お盆で食事ができるカフェ。精進・刻〈トキ〉御膳2000円は、精進ダシベースの滋味深い味わいが魅力。

鎌倉彫カフェ倶利
かまくらぼりカフェぐり
🕘11:00〜17:00（ランチ LO14:30、カフェ LO16:15）　🏠月曜（臨時休業あり）

3F 資料館を見学！

室町時代から現代までの貴重な鎌倉彫作品を約50点展示。精巧な彫刻が美しい各時代の作品をじっくり鑑賞できる。

鎌倉彫資料館
かまくらぼりしりょうかん
🕘10:00〜13:00、14:00〜16:00
🏠月・火曜
💴300円（特別企画展は異なる）

職人が手作りする帆布のショップを覗いてみる

お店は小町通りにある。白い灯台のディスプレーが目印！

U 小判底バッグ
1万1880円
マチが大きくたっぷり入る。中身が見えない小判底フタ1650円、持ち手カバー770円

タックバッグ 8号
6620円
コロンとした形がかわいい。スマホや財布を入れるのにちょうどいい

U 丸底
5280円
持ち手がユニークなミニサイズの手提げバッグ

Uリュック
2万5300円
帆布と革のリュック。横からも中身を取り出せるのが便利

デザイン豊富な帆布のバッグ

白帆鎌倉
しらほかまくら

丈夫で使うほどなじんでくる帆布の鞄を制作・販売する。商品は全てオリジナルのデザインで、職人がひとつひとつ手作りしている。色・型・サイズのバリエーションが豊富なのがうれしい。

🏠鎌倉市小町2-8-4　☎0467-23-8982
🕘9:30〜18:00　🏠不定休　🚃JR・江ノ電鎌倉駅から徒歩3分　🅿️Pなし
鎌倉駅周辺 ▶MAP 別P.15 D-2

💁 栃木レザーのショップ、SLOW KAMAKURA（→P.108）もおすすめ。上質なレザー商品が手に入る。

SHOPPING

セレクトショップ

雑貨

銘菓

手みやげ

市場

グルメ

クラフト

99

鎌倉の玄関口はココ

鎌倉駅周辺
KAMAKURA-EKI

JRと江ノ電が乗り入れる鎌倉駅周辺は、小町通りや若宮大路などに多くの店が集まり、いつもにぎやかな繁華街。10分ほど歩けば鎌倉のシンボル、鶴岡八幡宮へアクセスできる。

にぎやかな繁華街

昼：◎　夜：○

鎌倉市最大の繁華街だが、夕方以降は開いている店が少ない。

🍴🛒 KAMAKURA-EKI 01

＼JRと江ノ電の鎌倉駅／

まずは小町通りで
グルメ＆ショッピング

朱色の鳥居をくぐると、商店街の小町通り。和菓子の人気店やカフェ、レストランなどがひしめき合う。

通りにはお店がずらり

JR鎌倉駅

ココから小町通り

●アイザ鎌倉

小町通りをお散歩

Ⓐ

イワタコーヒー店の名物ホットケーキ

Ⓑ 鎌倉五郎本店
鎌倉小町通り本店
>>>P.91

Ⓑ

銅板で焼き上げるホットケーキ880円は表面こんがり、中ふわふわ

中庭に面したソファ席は、開店と共に埋まる人気ぶり

小町通り入ってすぐの老舗

Ⓐ イワタコーヒー店
イワタコーヒーてん

昭和20（1945）年の創業以来、愛され続ける喫茶店。川端康成や大佛次郎など名だたる文人も訪れたという。名物のホットケーキは注文が入ってから20～30分かかるので、中庭を眺めながらのんびり待とう。

🏠鎌倉市小町1-5-7　📞0467-22-2689　🕐9:30～18:00　🚫火曜・第2水曜　🚃JR・江ノ電鎌倉駅から徒歩1分　🅿Pなし

鎌倉駅周辺 ▶MAP 別P.14 B-2

裏路地に佇む人気レストラン

ⓒ ワイン食堂 オステリア コマチーナ

ワインしょくどう オステリア コマチーナ

小町通りから細い路地に入った、緑豊かな一角にある。あえて複雑な味付けをせず、いい食材を使ったシンプルな料理で食事を楽しんでほしいというオーナーシェフ、亀井さんのイタリア料理は絶品。

🏠 鎌倉市小町 2-6-12 KUSUNOKI443
☎ 0467-23-2312　⏰ 11:30 〜 15:00
（LO14:00）、18:00 〜 21:30（LO20:00）
休 火曜、不定休　🚃 JR・江ノ電鎌倉駅から
徒歩3分　🚗 Pなし
鎌倉駅周辺 ▶ MAP 別 P.14 C-2　>>>P.111

ランチは特に混み合うので、予約がベター

ワインとよく合う豚とレバーのパテ1000円。ハーブの香りがポイント

ゆで上がるまで約20分かかるレモンクリームパスタ1650円。ワインを楽しみながら待つのがおすすめ

若宮大路につながる通り

! Attention

週末の小町通りは混雑必至！

土・日は午前中から大混雑！人気店はすぐにいっぱいになるので、レストランは予約を。時間には余裕を持ってプランを立てて。

ⓒ

小町通り

ⓓ

フラワーパワーカフェでひと休み♪

イチゴとバラが主役のローズパフェ1500円

バタフライピーラテ700円はカップもおしゃれ

2021年8月オープンの注目店

ⓓ フラワーパワーカフェ

小町通り沿いのビルの2階にオープンしたカフェ。藤の花に囲まれたパステルカラーのインテリアがかわいいと、オープンするなり早くもSNSで話題に。お花がテーマのスイーツやドリンクは見た目もかわいいと評判。

🏠 鎌倉市小町 2-8-10 ね小町 ANNEX 2F
☎ 0467-24-1733　⏰ 11:00 〜 18:00
休 無休　🚃 JR・江ノ電鎌倉駅から徒歩4分　🚗 Pなし
鎌倉駅周辺 ▶ MAP 別 P.15 D-2　>>>P.9

🌿 フラワーパワーカフェのローズパフェは、イチゴやローズゼリー、チェリームースなどの甘酸っぱいひと品。

TOWN
鎌倉駅周辺
長谷 由比ヶ浜
七里ヶ浜 稲村ヶ崎
材木座
北鎌倉
金沢街道
江の島

鎌倉食材たっぷりのイタリアン

Ⓔ Rans kamakura
ランズ カマクラ

鎌倉野菜を中心に、相模湾の魚介など地元の食材で作るイタリア料理が評判。なかでも旬の鎌倉野菜を約10種類も味わえるバーニャカウダが人気で、素材の味を堪能できるシンプルなソースも絶品。

🏠鎌倉市雪ノ下1-5-38 こもれび禄岸2番館1F　☎0467-23-1196　🕚11:00〜LO15:00、17:00〜LO20:00　🈚無休　🚃JR・江ノ電鎌倉駅から徒歩6分　🅿Pなし

鎌倉駅周辺　▶MAP 別P.15 E-2

ウッディで温かみのある店内。両サイドはガラス張りで明るく開放的

PRANZO A　1518円
パスタの一品。ベーコンと鎌倉野菜のトマトソース スパゲッティ

PRANZO A　1518円
前菜の一品。鎌倉野菜たっぷりのバーニャカウダ（＋440円）

人気店でランチ！

聖ミカエル教会

鎌倉市鏑木清方記念美術館のエントランス

抹茶っ茶ソフトクリームプレミアム650円

OXYMORON komachi

スパイスのパワーで体の中から元気に

Ⓕ OXYMORON komachi
オクシモロン コマチ

オリジナリティあふれるカレーを味わえると話題の人気店。ひと皿分ずつ小鍋で仕上げるカレーは4種類あり、スイーツと飲み物のセットで300円引きに。ハンドドリップコーヒーやチャイなどドリンクも充実。

🏠鎌倉市雪ノ下1-5-38 こもれび禄岸2F　☎0467-73-8626　🕚11:00〜18:00（LO17:30）　🈷水曜　🚃JR・江ノ電鎌倉駅から徒歩7分　🅿Pなし

鎌倉駅周辺　▶MAP 別P15 E-2

温泉卵がのった和風キーマカリー1320円は味噌と醤油が隠し味

ゆったりとした店内。お店で提供しているコーヒーやチャイ、おみやげに嬉しいクッキーや雑貨なども販売

クリームを添えたアイシングがけのレモンケーキ550円

🚶 TOWN

鎌倉駅周辺

長谷 由比ヶ浜

七里ヶ浜 稲村ヶ崎

材木座

北鎌倉

金沢街道

江の島

キノコフライの専門店!?
Ⓖプリンセスきのこ「あげまっしゅ」

肉厚で大きな椎茸をシンプルにフライにし、揚げたてアツアツを味わえると話題の店。テイクアウト専門店だが、店の前に中庭があり座って食べられる。生ビール500円などドリンクも。

🏠鎌倉市雪ノ下1-5-35 ☎非公開 🕚11:00〜18:00 🈲不定休 🚉JR・江ノ電鎌倉駅から徒歩6分 🚗Pなし

`鎌倉駅周辺` ▶MAP 別P.15 E-2

手を汚さずに食べられる

シイタケをシンプルに串揚げにしたプレーン600円のほか、鶏肉と明太子を詰めた鶏明太子600円も人気

静かな路地に佇む和風建築
Ⓗ鎌倉市鏑木清方記念美術館
かまくらしかぶらききよかたきねんびじゅつかん

近代日本画の巨匠・鏑木清方の旧居跡に立つ美術館。女性や庶民生活などを描いた優美な画風の絵画を展示する。敷地内には清方がこよなく愛した紫陽花も植えられており、紫陽花のミュージアムグッズも人気。

🏠鎌倉市雪ノ下1-5-25 ☎0467-23-6405 🕘9:00〜17:00(最終入館16:30) 🈲月曜(祝日の場合翌日)、展示替期間 💴企画展300円、特別展450円 🚉JR・江ノ電鎌倉駅から徒歩7分 🚗Pなし

`鎌倉駅周辺` ▶MAP 別P.15 E-2

もみじ茶屋 小町通りの白玉あんみつは990円(税抜)

小町通り

Ⓙ

小町通り

鶴岡八幡宮

平家池

小町通りのはずれに伝説の井戸、鉄ノ井(くろがねのい)がある!
江戸時代の鎌倉の観光名所、鎌倉十井のひとつ。北条政子が創建した長谷の新清水寺にあった鉄の観音像が掘り出されたと言われている。

`鎌倉駅周辺` ▶MAP 別P.15 F-2

濃厚な抹茶の味がヤミツキに
Ⓘ鎌倉茶々 本店
かまくらちゃちゃ ほんてん

静岡産の本抹茶をたっぷり練り込んだソフトクリームとジェラートの有名店。ソフトクリームは2段階、ジェラートは5段階から好みに合わせて抹茶の濃さを選べる。抹茶の濃厚な味わいはもちろん、なめらかな口当たりもポイント。

散策途中のひと休みにぴったり。抹茶のほか、ほうじ茶ジェラート550円も

🏠鎌倉市雪ノ下1-6-8 ☎0467-84-8829 🕙10:00〜18:00(季節・天候により変動) 🈲無休 🚉JR・江ノ電鎌倉駅から徒歩6分 🚗Pなし

`鎌倉駅周辺` ▶MAP 別P.15 E-2

抹茶スイーツ&ドリンクでひと休み
Ⓙもみじ茶屋 鎌倉小町通り
もみじちゃや かまくらこまちどおり

抹茶パフェ1089円や升に入った宇治抹茶ティラミス715円など、京都の老舗・森半の抹茶を贅沢に使用した和スイーツが大人気のカフェ。しらす料理やうどんなどのフードメニューもあり、ランチにも。

店内は和モダンテイスト。抹茶ラテ605円、抹茶あずき白玉ラテ770円などドリンクも

🏠鎌倉市雪ノ下1-4-26 WELLHOUSE 1F ☎0467-60-5331 🕙10:00〜18:00(LO17:00) 🈲無休 🚉JR・江ノ電鎌倉駅から徒歩7分 🚗Pなし

`鎌倉駅周辺` ▶MAP 別P.15 F-2

🍴🛍 **KAMAKURA-EKI 02**

メインストリートの若宮大路を歩いて鶴岡八幡宮へ♪

若宮大路は鶴岡八幡宮から由比ガ浜まで約1.8m続く参道。源頼朝が妻北条政子の安産祈願のために造営したと言われる。大きな鳥居が立ち、その一部は段葛と呼ばれる一段高い参道になっている。

こだわり食材で作る朝ごはん

Ⓐ朝食屋コバカバ
ちょうしょくやコバカバ

地元客や観光客などあらゆる人々の朝の交流拠点になればとスタート。家庭的な朝定食がそろい、一番人気は相模原の有精卵が味わえる卵かけごはん定食。お店で使う五穀米や味噌、ダシつゆなどはテイクアウトできる。

🏠鎌倉市小町1-13-15 ☎0467-22-6131
🕐7:00〜14:00 🈺水曜 🚃JR・江ノ電鎌倉駅から徒歩3分 🅿Pなし

鎌倉駅周辺 ▶MAP 別 P.7 F-1 　　>>>P.40

鹿児島県の契約農家で作られた有機五穀米540円

定食の味噌汁に使う塩分控えめの自家製麦みそ780円

卵かけごはん定食850円。季節の野菜たっぷりの味噌汁もおいしい

永亨8(1436)年に創建された日蓮宗の寺院

Ⓑ本覚寺
ほんがくじ

源頼朝が鎌倉幕府の守り神として夷神を祀った夷堂を建設。商売繁盛のご利益があると言われ、正月三が日の「初えびす」と1月10日の「本えびす」には多くの参拝客が訪れる。

🏠鎌倉市小町1-12-12 ☎0467-22-0490
🈺拝観自由 🈶参拝自由 🚃JR・江ノ電鎌倉駅から徒歩3分 🅿Pなし

鎌倉駅周辺 ▶MAP 別 P.14 A-3

©鎌倉市観光協会

夏はサルスベリの花が美しい境内。奥には夷堂の屋根が見える

🕊 **WHEN IS**

桜のシーズンは絶景に！

道路の中央にある歩道、段葛にはソメイヨシノの木が立ち並ぶ。春は桜の向こうに鶴岡八幡宮を望む絶景スポットに！

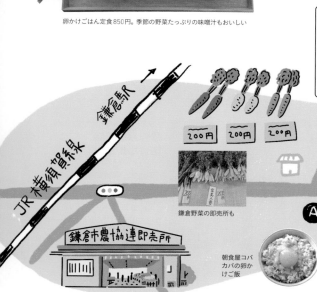

二〇〇円　二〇〇円　二〇〇円

鎌倉野菜の即売所も

鎌倉市農協連即売所

鎌倉駅↑

朝食屋コバカバの卵かけご飯

Ⓐ

Ⓑ
鎌倉カトリック雪ノ下教会

JR横須賀線　鎌倉駅↑

🚶 TOWN

鎌倉駅周辺

長谷 由比ヶ浜

七里ヶ浜 稲村ヶ崎

材木座

北鎌倉

金沢街道

江の島

日本茶がテーマの和カフェ

ⓒ 鎌倉倶楽部 茶寮小町

かまくらくらぶ さりょうこまち

日本各地から集めたお茶をそろえる店。お餅や最中などの和スイーツと、日本茶のマリアージュを提案してくれる。店内では茶葉や茶器も販売。

🏠鎌倉市小町2-10-19 二ノ鳥居ビル1F　☎0467-23-1000
🕐11:00～19:00（LO18:30）　休木曜　JR・江ノ電鎌倉駅から徒歩2分　🚗Pなし

鎌倉駅周辺　▶MAP 別P.14 B-2

煎茶と白玉セット2000円。ゆでたての白玉に季節のあんこを添えて

手作り焼菓子をおみやげに

ⓓ Romi-Unie Confiture

ロミ・ユニ コンフィチュール

家をモチーフにしたボックスがギフトにぴったりな、サブレの詰め合わせが大人気。自宅でのティータイムが豊かになる焼菓子やジャムが充実している。

🏠鎌倉市小町2-15-11　☎0467-61-3033
🕐10:00～18:00（ジャムの量り売りは～17:00）　休無休
🚃JR・江ノ電鎌倉駅から徒歩5分　🚗Pなし

鎌倉駅周辺　▶MAP 別P.14 C-3　　　>>>P.93

ドライフルーツたっぷりのケイク・オ・フリュイは1カットから購入できる。350円～

フルーツやお酒、スパイスを使ったジャムは790円～

1枚づつ丁寧に焼き上げた手作りのサブレ9枚（6種）をおうち型のボックスに詰め合わせたギフトセット1470円

小町通り

氷水出し茶とミカン酒、ジン、ソーダが入った蜜絡来（みらくる）1500円

二ノ鳥居

段葛

若宮大路

にぎやかなストリート

大きな狛犬が鎮座する二ノ鳥居

🚩 三ノ鳥居は鶴岡八幡宮の目の前、二ノ鳥居は段葛の入口、一ノ鳥居は由比ヶ浜から600mほどの場所にある。

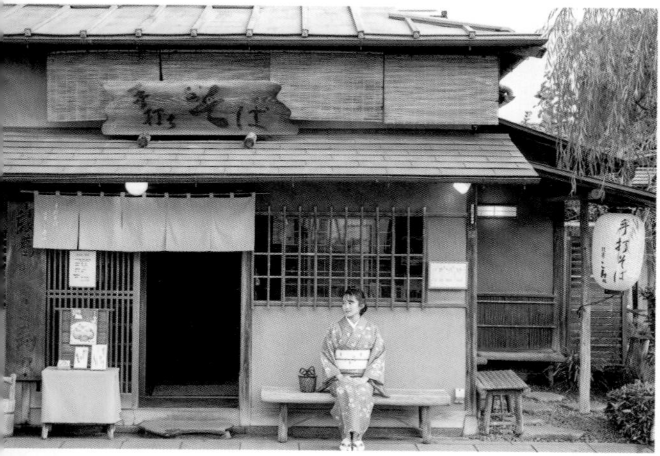
そば
手打そば

昭和7(1932)年築の純和風木造家屋は昭和レトロ感が満載

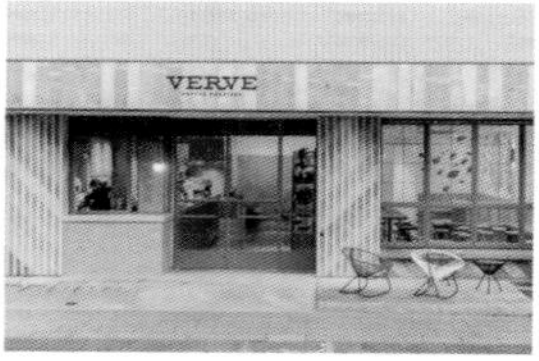
VERVE

カリフォルニア発のコーヒーショップ

Ⓖ VERVE COFFEE ROASTERS

ヴァーヴ コーヒー ロースターズ

カリフォルニア発のコーヒーショップ。注文を受けてから一杯ずつハンドドリップで淹れるスペシャルティコーヒーでひと休みできる。シングルオリジンやブレンド、コールドブリュー、エスプレッソなど多彩。

鎌倉市雪ノ下1-10-18
0467-84-8851　営7:00～18:00
休無休　交JR・江ノ電鎌倉駅から徒歩7分　Pなし
鎌倉駅周辺 ▶MAP 別P.15 E-3　>>>P.9

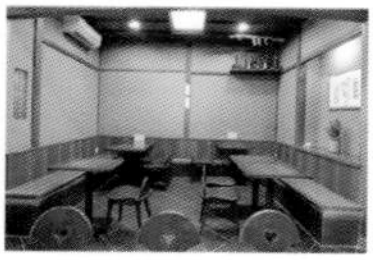

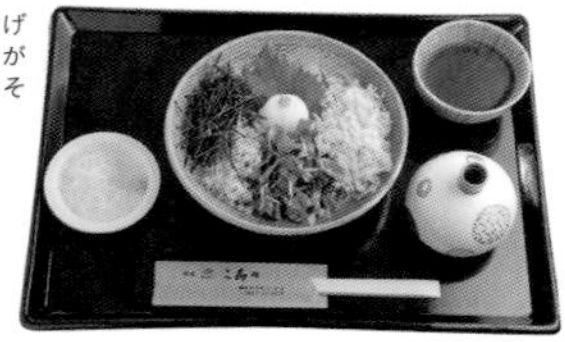

大根おろし、揚げ玉、三つ葉などがのった、こ寿々そば1180円

古民家で味わう手打ちそば

Ⓔ 段葛 こ寿々

だんかずら こすず

蓼科高原の契約農家から仕入れた玄そばを自家製粉し、毎日手打ちして提供。透明感とツヤ感のあるそばは、喉ごしがよく風味も豊か。希少な本わらび粉をじっくり練り上げて作るわらび餅もぜひお試しを。

鎌倉市小町2-13-4　0467-25-6210　営11:30～LO18:30 ※閉店時間は変更の場合あり　休月曜　交JR・江ノ電鎌倉駅から徒歩6分　Pなし
鎌倉駅周辺 ▶MAP 別P.15 D-3　>>>P.16

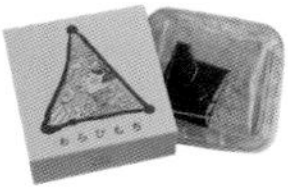
わらびもち

持ち帰り用のわらび餅プチ390円。パッケージも素敵

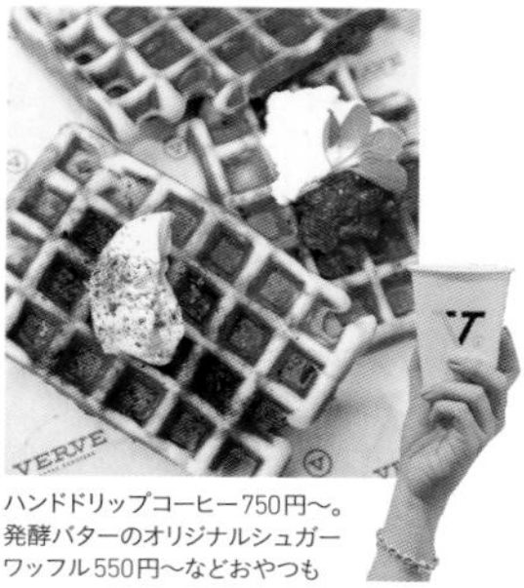
VERVE

ハンドドリップコーヒー750円～。発酵バターのオリジナルシュガーワッフル550円～などおやつも

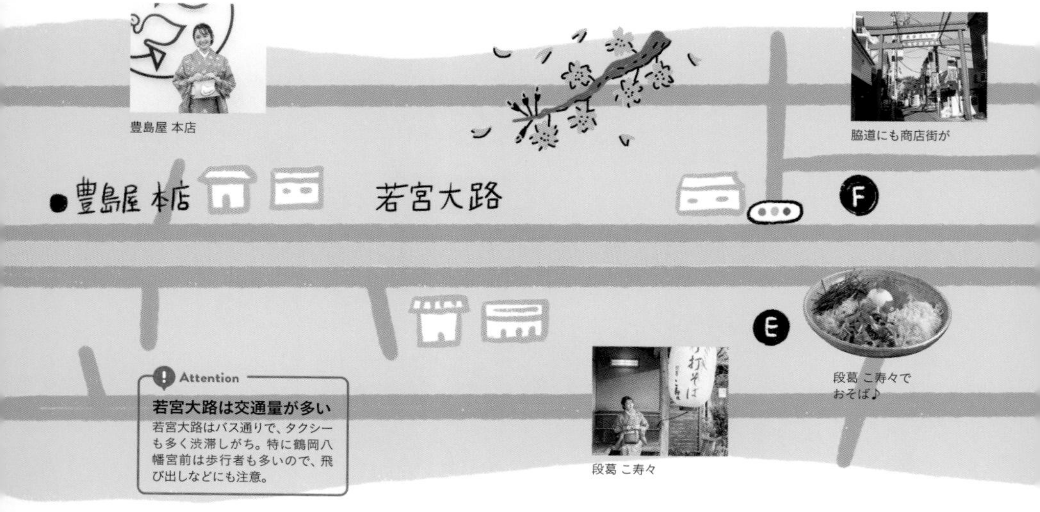
豊島屋 本店
脇道にも商店街が
豊島屋本店
若宮大路
F
E
段葛 こ寿々でおそば♪
段葛 こ寿々

Attention

若宮大路は交通量が多い

若宮大路はバス通りで、タクシーも多く渋滞しがち。特に鶴岡八幡宮前は歩行者も多いので、飛び出しなどにも注意。

体の中から元気になる台湾粥

F台湾キッチン 叙序圓
たいわんキッチン じょじょまる

若宮大路沿いの商業ビルの2階にある店。お粥や薬膳スープなど、朝ごはんにぴったりの台湾料理を求めて早朝からファンが詰めかける。週替わりのランチメニューも評判。

🏠鎌倉市雪ノ下1-9-29 シャングリラ鶴岡2F
☎0467-22-7899 　⊗7:30〜15:00
㊡月・火曜 　⊗JR・江ノ電鎌倉駅から徒歩6分 　🚗Pなし
`鎌倉駅周辺` ▶MAP 別P.15 E-2 　>>>P.41

台湾粥3種アソート950円。選べる3種類の小鉢付き

薬膳スープとちまきのセットは1050円。小鉢付き

おむすびと日本酒の専門店

Hおこめ天松堂
おこめてんまつどう

「米で楽しむ」がコンセプト。全国から厳選した有機栽培米で握るおむすび180円〜は味わいの違いを感じてほしいと米は3品種、具材は約10種類から選べる。唎酒師の店主が厳選した日本酒も日替わりで15種程度を用意。

🏠鎌倉市雪ノ下1-8-37 　☎0467-60-4356
⊗11:00〜LO21:00 　㊡不定休 　⊗JR・江ノ電鎌倉駅から徒歩8分 　🚗Pなし
`鎌倉駅周辺` ▶MAP 別P.15 F-3

土鍋で炊いた米は旨みたっぷり。テイクアウトもOK

日替わりおばんざいセット。好みのおむすび+500円

隠れ家のような大人の"パフェテリア"

Ifruteria 7
フルテリア シエテ

季節のフルーツ満載のパフェと、パフェに合うカクテルとのペアリングを楽しめる店。おすすめはワインとクラフトコーラを合わせたカクテル、カリモチョ660円。ノンアルコールカクテルに変更もできる。

🏠鎌倉市雪ノ下1-8-36 津多屋ビル1F 2号
☎050-1298-6150 　⊗11:00〜23:00
㊡不定休 　⊗JR・江ノ電鎌倉駅から徒歩8分
🚗Pなし
`鎌倉駅周辺` ▶MAP 別P.15 F-3

季節のパフェ1100円〜。写真は和梨とおけさ柿、安納芋のパフェ

鶴岡八幡宮にお参り

鶴岡八幡宮

VERVE COFFEE ROASTERSでカフェラテ

段葛

三ノ鳥居

鶴岡八幡宮

TOWN
鎌倉駅周辺
長谷 由比ヶ浜
七里ヶ浜 稲村ヶ崎
材木座
北鎌倉
金沢街道
江の島

🍴🛒 KAMAKURA-EKI 03

個性派ショップ&カフェが 集まる御成通りへ

鎌倉駅西口から由比ガ浜方面にのびる御成通り周辺は、個性的なカフェやショップが集まり、お散歩が楽しい。路地にも小さなお店があるのでお気に入りを探してみて。

🏠 exotica soup & bar

御成通り

鎌倉駅

CHABAKKA TEA PARKS

御成通り

THE GOOD GOODIES
>>>P.9,48

GELATERIA SANTi

ピエニ・クローネ
>>>P.85

PHO RASCAL

SLOW KAMAKURA

Bistro Ampersand

SHOP&CAFE

革やキャンバス地など好みにカスタマイズできるセミオーダーバッグ 9790円〜

革製品ショップ×カフェ

SLOW KAMAKURA
スロウ カマクラ

チーズケーキ420円とブレンドコーヒー500円。セットで50円引きに

2階に栃木レザーを使った鞄や財布、シューズ、ウエアなどを制作・販売するアトリエ&ショップ、1階はカフェになっている。

🏠鎌倉市由比ガ浜2-2-36　☎0467-81-3737
🕙10:00〜19:00　🈳無休　🚉JR・江ノ電鎌倉駅から徒歩5分　🅿Pなし

`鎌倉駅周辺` ▶MAP 別P.7 F-1

🕊 WHERE IS

江ノ電が見えるジェラート店

御成通りから細い路地に入った GELATERIA SANTi は、お店の裏のテラス席のすぐそばに江ノ電の線路が走っている。　>>>P.46

GELATO

ALL DAY

自家製中華まんも人気

ランチセットAはスープ1種にサラダ、パン、お惣菜が付いて1540円

隠れ家のようなスープ専門店

exotica soup & bar
エキゾチカ スープ アンド バー

ネパールやフランス、イスラエルなど、月替わりで世界各地のスープを味わえる。定番は野菜を煮込んだトマトベースのスパイシーなスープ"エキゾチカ"。毎月5〜6種類の中から選べる。

🏠鎌倉市御成町14-6 ウランブル鎌倉A
☎070-2363-1192 🕐朝食9:00〜11:00、ランチ11:00〜14:30、バー18:00〜24:00 🈺月曜 🚉JR・江ノ電鎌倉駅から徒歩3分 🚗Pなし

鎌倉駅周辺 ▶MAP 別P.14 A-1 >>>P.41

エスニック料理ならココ

PHO RASCAL
フォー ラスカル

ベトナムのローカルフード、チキンのフォー900円が看板メニュー。タイ風汁なし麺や魯肉飯など、日替わりのアジア料理も評判。カフェ風のガラス張りの店内で楽しめる。

🏠鎌倉市小町1-15-5 ☎0467-25-1238
🕐11:00〜17:00 🈺日・月曜 🚉JR・江ノ電鎌倉駅から徒歩4分 🚗Pなし

鎌倉駅周辺 ▶MAP 別P.7 F-1

LUNCH

チキンのフォー。好みでライムをしぼって

CAFE

お茶のスイーツも

業界初と言われるドラフトティー。ハンドドリップティーもあり

日本茶の新しい世界を発信！

CHABAKKA TEA PARKS
チャバッカ ティー パークス

煎茶や抹茶のほか、烏龍茶や和紅茶など希少な茶葉を扱うお茶専門店。窒素を含ませながら注ぎ、クリーミーな泡と共にいただく新感覚のドラフトティー770円はぜひお試しを。

🏠鎌倉市御成町11-10 ☎0467-84-7598
🕐11:00〜18:00 🈺無休
🚉JR・江ノ電鎌倉駅から徒歩1分
🚗Pなし

鎌倉駅周辺 ▶MAP 別P.7 F-1

マグロと鎌倉野菜のココット焼き1980円

ココット料理のレストラン

Bistro Ampersand
ビストロ アンパサンド

鎌倉の食材で作るココット料理とオーガニックワインの店。ランチは前菜、メイン、デザートのコース3080円〜、ディナーはアラカルトで。シェフのおまかせコース5500（要予約）も。

🏠鎌倉市大町2-1-6-1 ☎0467-38-6393
🕐11:30〜15:00(LO14:00)、18:00〜22:00(LO21:00) 🈺月曜、第2・4火曜
🚉JR・江ノ電鎌倉駅から徒歩7分 🚗Pなし

鎌倉駅周辺 ▶MAP 別P.7 F-2

LUNCH&DINNER

鎌倉野菜を使った野菜のテリーヌ1430円

🌱 御成通りにある梅体験専門店「蝶矢」鎌倉店（→P.75）は、梅酒作り体験ができるショップ。

TOWN

鎌倉駅周辺

長谷 由比ヶ浜

七里ヶ浜 稲村ヶ崎

材木座

北鎌倉

金沢街道

江の島

急な坂道を少し上ると
入口となる鳥居が見える

📷 **KAMAKURA-EKI ④**

鎌倉駅からひと足のばして
金運UPの神社へ

鎌倉駅西口から歩いて20分ほど、佐助ヶ谷の奥に佇む銭洗弁財天宇賀福神社。
金運UPで知られる神社で、しっかりお願いしよう。

水にまつわる神社だから…
水みくじを引いてみる
本社裏手の龍神様の神水に水おみくじ
200円を浸すと十数秒で文字が浮かぶ。

水おみくじ

金運UPを願ってお参り

銭洗弁財天 宇賀福神社
ぜにあらいべんざいてん うがふくじんじゃ

源頼朝が宇賀神のお告げに従い、湧き水があったこの
地に創建したと言われる。隠れ里のような雰囲気の境内
には、銭洗水が湧く奥宮のほか、水の神様を祀る水神宮
と七福神を祀る神社も。縁日である巳の日は参拝者でに
ぎわう。

🏠 鎌倉市佐助2-25-16 ☎0467-25-1081
🕗8:00～16:30 📅無休 💴参拝自由
🚉JR・江ノ電鎌倉駅から徒歩20分 🚗P10台

鎌倉駅周辺 ▶MAP 別P.4 B-1　　　>>>P.61、69

ココも注目！

鳥居

岩壁に沿って立つ石造りの鳥居が境内
への入口になっている。

下之水神宮

水の神様である水波売神を祀る。すぐ
そばの岩肌から滝が流れ落ちている。

トンネルの
先が弁財天

鳥居をくぐると天井が低めのトンネル
があり、その先に本社や奥宮などが。

上之水神宮

下之水神宮と同じ水神を祀る。岩壁に張
り付くように建ち、岩肌からは湧き水が。

境内の見どころはココ

奥宮

宇賀神と弁財天を祀る岩窟。ここに湧く霊水「銭洗水」でお金を
洗い清めると金運がアップすると言われている。

七福神社

大黒天や毘沙門天など七福神を祀り、
福徳円満、商売繁盛のご利益で知られる。

本社

日本神話に登場する水の女神・市杵島
姫命が祀られている。

鎌倉駅周辺

長谷 由比ヶ浜

七里ヶ浜 稲村ヶ崎

材木座

北鎌倉

金沢街道

江の島

📷 **KAMAKURA-EKI 05**

紅葉もステキな
美スポットを探す！

鎌倉駅周辺エリアには、由緒ある社寺が多数。季節の花や紅葉が見どころの社寺も多く、四季折々の表情を見せてくれる。特に紅葉シーズンが美しいのがこちらの2つ。

秋はイチョウが色づき黄金色のじゅうたんに　©鎌倉市観光協会

イチョウ

出世＆開運にご利益あり
佐助稲荷神社
さすけいなりじんじゃ

©鎌倉市
観光協会

閑静な住宅街の奥、鎌倉の隠れ里と呼ばれる地域にあり、神聖な雰囲気が漂う神社。境内には所狭しと白狐が祀られている。初夏は霊狐泉周辺の岩場にイワタバコが紫色の可憐な花を付け、秋はカエデやイチョウが色づく。

🏠鎌倉市佐助2-22-12　☎0467-22-4711　🕘9:00〜16:00　㊡無休　🈯参拝自由　🚃JR・江ノ電鎌倉駅から徒歩20分　🚗Pなし

鎌倉駅周辺　▶MAP 別P.4 A-1

ハイキングが楽しい公園も！
源頼朝像が佇む源氏山公園は、春は桜、秋は紅葉が美しい。広い広場があり、ピクニックにぴったり。ハイキングコースも。源氏山公園>>>P.81

モミジ

水戸徳川家が創建した尼寺
英勝寺
えいしょうじ

江戸幕府・初代将軍徳川家康の側室、お勝の方を開山とする鎌倉唯一の尼寺。軒に十二支のある仏殿や彫刻を施した山門など、創建当時の面影を残す。白藤や紫陽花、ヒガンバナ、ヒイラギなどが境内を彩る。竹林も有名。

🏠鎌倉市扇ガ谷1-16-3　☎0467-22-3534　🕘9:00〜16:00　㊡木曜　🈯300円　🚃JR・江ノ電鎌倉駅から徒歩9分　🚗Pなし

鎌倉駅周辺　▶MAP 別P.5 D-1

©鎌倉市観光協会

書院周辺の紅葉が見事（※現在は木を一部伐採したため写真とは異なる）

🍴 **KAMAKURA-EKI 06**

鎌倉駅周辺の
夜ごはんスポットはココ

日帰り客が多いため、意外にも夜は静かな鎌倉。夕方でクローズする店も多いため、鎌倉でディナーをするなら夜営業のお店の情報は要チェック！

ワイン食堂 オステリア コマチーナ
ワインしょくどう オステリア コマチーナ

ワインによく合うイタリア料理を提供。アラカルトメニューが豊富なので、ワイン片手に楽しみたい。>>>P.101

馳走かねこ
ちそうかねこ

古都・鎌倉らしい季節感のある懐石料理を楽しめる。コースは7000円からで、前日までに要予約。シメのラーメンが隠れた人気！>>>P.35

🍴 イタリア料理ディナーなら、鎌倉野菜が主役のOsteria Gioia（→P.31）もおすすめ。　111

カフェやショップめぐりも楽しい

長谷 由比ヶ浜
HASE YUIGAHAMA

長谷寺や鎌倉大仏がある高徳院など、有名な社寺があることで知られる長谷エリア。周囲を山々に囲まれた自然豊かなエリアで、5分ほど歩けばお散歩に最適な由比ヶ浜にもアクセスできる。

観光＆グルメが充実

昼：◎ 夜：△

お寺やカフェめぐりの人々でにぎわう。極楽寺周辺は静かな一角。

📷 **HASE 01**

洋館＆バラ園がステキな
鎌倉文学館を訪ねてみる

長谷のメインストリートから奥まった場所にある鎌倉文学館は、昭和11(1936)年に建てられた西洋館を利用したミュージアム。洋館の周りには緑豊かな庭園が広がっている。

建物の1階が展示室になっている

バラ園も見どころ
鎌倉文学館
かまくらぶんがくかん

鎌倉にゆかりのある文学者は300人以上。和洋折衷のデザインが特徴の洋館内部では、鎌倉文士と呼ばれる文学者たちの直筆原稿や手紙、愛用品などを所蔵・展示している。

🏠鎌倉市長谷1-5-3　☎0467-23-3911
🕐9:00～17:00(最終入館16:30)、10～2月～16:30(最終入館16:00)
📅月曜(祝日の場合開館)、展示替期間
💰展覧会により異なる　🚃江ノ電長谷駅から徒歩7分　🅿Pなし
長谷 ▶MAP 別P.6 C-1　　>>>P.78

館内は大理石を使用した暖炉やモザイク模様の寄せ木貼りの床、ステンドグラスなどが見どころ

ステンドグラスや建物が描かれたブックマーカー各440円

🕊 **WHO IS**

鎌倉ゆかりの
文学者

大正時代以降、多くの文学者が鎌倉に居住・滞在し、文学都市に。川端康成や芥川龍之介、大佛次郎は鎌倉に居を構えた。

北鎌倉
金沢街道
由比ヶ浜
鎌倉
七里ヶ浜　長谷
稲村ヶ崎　材木座
江の島

HASE 02

カフェホッピングが楽しい長谷通りを歩いて大仏さまへ

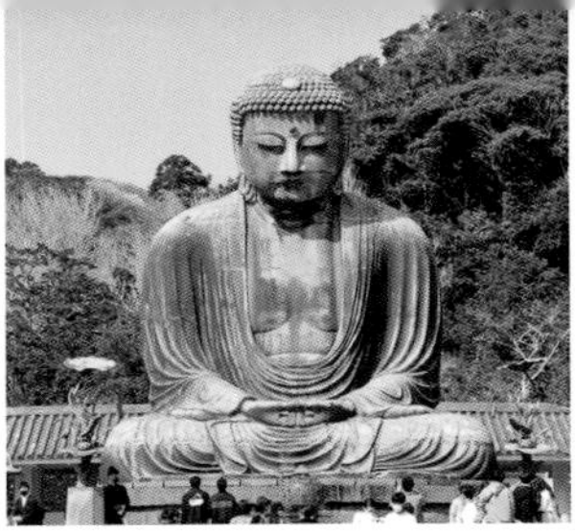

江ノ電長谷駅から北にのびる長谷通り。鎌倉大仏のある高徳院までの間に、カフェやショップが多数。人気店を覗きつつ、高徳院まで歩いてみよう。

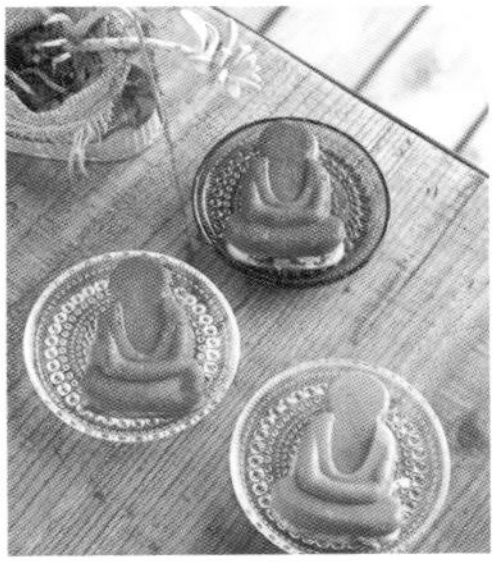

お目当ては大仏焼き！

m's terrace Kamakura

エムズテラス カマクラ

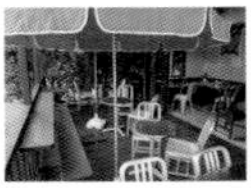

表通りから一本入った路地にあるテラス席が人気のカフェ。人気メニューはあんこが入った大仏焼き各250円で、3種類のフレーバーがある。ランチメニューもあり。

鎌倉市長谷3-2-9-1　☎0467-95-1162
営11:30～22:00LO　休月・火曜　交江ノ電長谷駅から徒歩6分　Pなし
長谷 ▶MAP 別P.6 B-2　>>>P.20

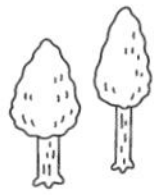
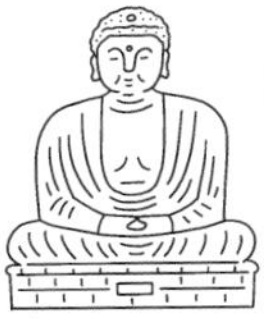
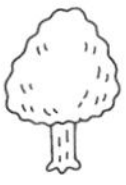

高徳院（鎌倉大仏）
>>>P.54

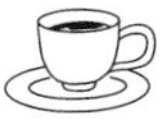
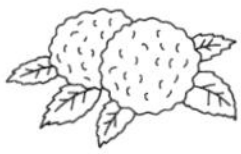

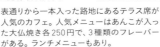

m's terrace Kamakura

長谷通り

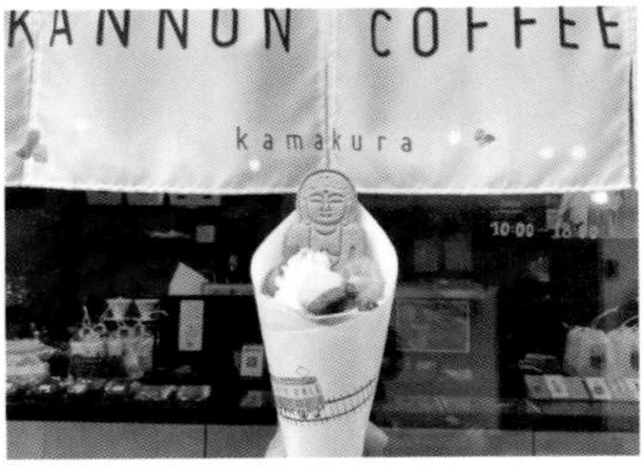

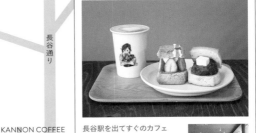

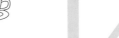

噂のワンハンドスイーツ

KANNON COFFEE kamakura

カンノン コーヒー カマクラ

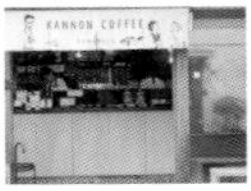

スパイスが効いた焼菓子とコーヒーを味わえるスタンド。大仏ビスケットをのせたクレープ（価格は季節により異なる）はSNSで話題沸騰中！店の前のベンチで座って食べられる。

鎌倉市長谷3-10-29　☎0467-84-7898
営10:00～18:00　休無休　交江ノ電長谷駅から徒歩3分　Pなし
長谷 ▶MAP 別P.6 B-2　>>>P.20

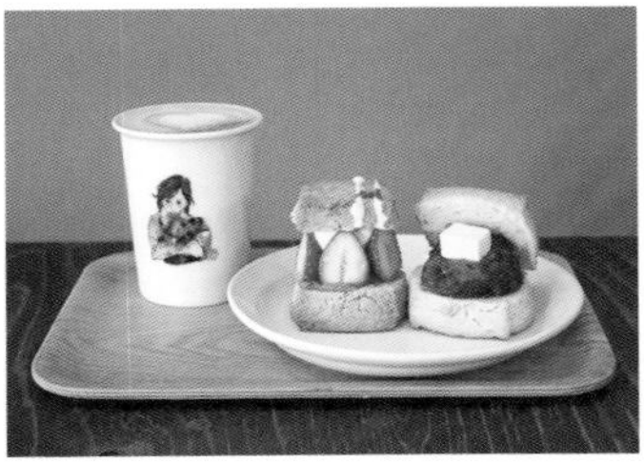

長谷駅を出てすぐのカフェ

EKIYOKO BAKE

エキヨコ ベイク

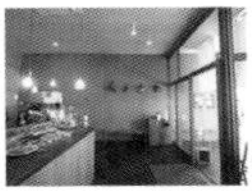

あんバタースコーンサンド500円やいちごのスコーンサンド600円など、見た目もキュートな焼菓子が約20種類そろうカフェ。ほうじ茶ラテ620円などドリンクも。

鎌倉市長谷2-14-11　☎0467-37-9891
営10:00～17:30　休無休　交江ノ電長谷駅から徒歩1分　Pなし
長谷 ▶MAP 別P.6 B-2

KANNON COFFEE
kamakura

←長谷寺
>>>P.56

徒歩2分
（駅から十字路まで）

EKIYOKO BAKE

長谷駅
江ノ電
至 極楽寺駅
至 由比ヶ浜駅

長谷通り周辺にはカカオハナレ 長谷店（→P.47）やvuori（→P.84）、旧ヤム邸 かまくら荘（→P.33）も。

📷 HASE 03

長谷寺＆大仏だけじゃない！
こちらの社寺もステキ♡

長谷に残る小さいけれど鎌倉の歴史を物語る寺院や神社も見逃せない。往時に思いをめぐらせながら、地元の人々から大切にされている社寺を訪ねてみよう。

忍性が救済事業に取り組んだ寺院
極楽寺
ごくらくじ

正元1(1259)年創建。北条重時が現在の場所に移し、当初は七堂伽藍に多くの子院を持つ寺院だったという。開山の忍性が境内に施薬院や病院などを建て救済事業を行ったことでも有名。

🏠鎌倉市極楽寺3-6-7 ☎0467-22-3402 🕘9:00～16:30（転法輪殿は4月25日～5月25日と10月25日～11月25日の火・木・土・日曜の10:00～16:00のみ開館）🈺12月25日～31日 💰参拝自由（転法輪殿は300円）🚃江ノ電極楽寺駅から徒歩3分 🅿️Pなし

極楽寺 ▶MAP 別P.6 A-3

千服茶臼と製薬鉢
開山・忍性が施薬悲田院を設置した際に使用されたと言われる。

🕊 WHAT IS

極楽寺坂

坂ノ下から極楽寺門前まで続く坂道で、鎌倉と京都を結ぶ重要な街道だった。土木事業にも尽力した忍性が切り開いたと言われる。

桜も見どころ！
【見頃】3月下旬～4月上旬

淡紅色が美しい八重一重咲分け桜。一枝に八重と一重が混生する（左）。山門前を掘り起こした際に発見された井戸（右）。

タブノキ
樹高約20mを誇るご神木のタブノキ。樹齢は約350年で鎌倉市の天然記念物に指定。

境内の夫婦銀杏は夫婦円満、家内安全、子宝安産のシンボル
©鎌倉市観光協会

面掛行列。烏天狗や鬼、ひょっとこなどの面を付け、神輿と共に歩く
©鎌倉市観光協会

紫陽花も見どころ！
【見頃】6月上旬～下旬

勇名を馳せた鎌倉武士を祀る
御霊神社
ごりょうじんじゃ

平安後期に鎌倉武士団を率いた鎌倉権五郎景正を祀る。景正の命日にあたる9月18日の例祭では面を付けた10人が練り歩く面掛行列が行われ、神社保管の福禄寿の面も登場。

🏠鎌倉市坂ノ下4-9 ☎0467-22-3251 🕘9:00～17:00 🈚無休 💰参拝自由（収蔵庫は100円）🚃江ノ電長谷駅から徒歩5分 🅿️Pなし ※境内は撮影禁止

長谷 ▶MAP 別P.6 B-2

TOWN

鎌倉駅周辺

長谷 由比ヶ浜

七里ヶ浜 稲村ヶ崎

材木座

北鎌倉

金沢街道

江の島

HASE 04

のんびり穏やかな由比ヶ浜は
お散歩がベスト！

相模湾に臨み、入り江のようになった由比ヶ浜は遠浅で波が穏やか。
夕暮れ時も美しい。

夏はマリンスポーツも！
由比ヶ浜海岸
ゆいがはまかいがん

約890ｍ続くビーチは、夏に
なると約20軒の海水浴場が
建設されて多くの海水浴客で
にぎわう。2020〜2021年は
開設されなかったので、利用
の際は事前に確認を。

🏠鎌倉市由比ガ浜
⏰散策自由　🚃江ノ電由比ヶ
浜駅、長谷駅から徒歩5分
🚗P188台
由比ヶ浜 ▶MAP 別P.6 C-3
>>>P.77

サーフィンやウィ
ンドサーフィンを
楽しむ人も多い

長谷の静かな一角にある宿泊施設（左）。築90年の古民家にステ
イ。個室やドミトリールームが用意されている（右）

HASE 05

鎌倉でサウナ!?
禅の精神とサウナでととのう

サウナブームが鎌倉にも到来！古民家を改装した宿泊施設に本格的
なバレルサウナがあり、日帰りでも利用できる。

ギャラリーやトレーニングスタジオも併設
ZEN VAGUE
ゼン ヴァーグ

禅とビーチカルチャーが融合したモダンなデザイン
の素泊まり宿。樽形のバレルサウナからは、まるで
円窓から覗いたような日本庭園を眺めることができ、
心身ともにととのうと評判。

🏠鎌倉市長谷2-7-29　☎0467-81-4405　⏰9:00〜
21:00（最終受付19:00）　休無休　1500円、貸切
6000円（4人まで）※土・日曜・祝日は貸切のみ（要予約）
🚃江ノ電長谷駅から徒歩5分　🚗Pなし
長谷 ▶MAP 別P.6 C-2

サウナは貸し切りも可能。料金にレンタルタオルも含まれている

成就院は参道に紫陽花
が咲く名所として知ら
れていたが、2016年に
宮城県に植樹されてた

HASE 06

参道から海を見下ろす
絶景のお寺に行く

108段の階段を上った山上にあり、由比ヶ浜を見下ろす絶景が
待っている。鎌倉を守る要衝だった時代を偲ばせる。

鎌倉時代に北条泰時により創建
成就院
じょうじゅいん

弘法大師が虚空蔵菩薩を祀る法を
行ったと伝わる霊地に開かれ、北条
一族の繁栄を祈願した。縁結びの
ご利益があるという。

🏠鎌倉市極楽寺1-1-5
☎0467-22-3401
⏰8:00〜17:00（11〜3
月〜16:30）　休無休
志納　🚃江ノ電極楽寺
駅から徒歩3分　🚗Pなし
極楽寺 ▶MAP 別P.6 A-3

七里ヶ浜 稲村ヶ崎
SHICHIRIGAHAMA

稲村ヶ崎駅から腰越駅までは、江ノ電が海沿いを走行！江の島や富士山を望むビューポイントが点在している。オーシャンビューのカフェやレストランにも立ち寄ってみて。

眺望◎なエリア

昼：◎ 夜：◯

特に海沿いは飲食店が多数。テイクアウトして"海ピク"もできる！

📷 SHICHIRIGAHAMA 01

七里ヶ浜の海沿い散歩
ときどきグルメ

写真スポットを探しながら海沿いを散策。休憩はオーシャンビューのカフェやレストランをチョイスして！海岸付近はトンビに食べ物を狙われるので注意。

> サンセット
> タイムも◎

人気のテラス席は事前に予約するのがおすすめ

📷 🍴

オーシャンビューのテラスが特等席

Amalfi DELLA SERA
アマルフィイ デラセーラ

江ノ電の線路沿いから階段を上ると現われる隠れ家的な店。七里ヶ浜を一望しながら地中海風のカジュアルイタリアンを楽しめる。ランチ、ディナー共にアラカルトやコースを提供。日没の1時間前ぐらいに入店するのがおすすめ。

🏠鎌倉市七里ガ浜1-5-10 ☎0467-32-2001 🕐11:00～22:00、土・日曜・祝日10:30～（季節により変動あり）休無休 🚶江ノ電七里ヶ浜駅から徒歩3分 🚗Pなし

`七里ヶ浜` ▶ MAP 別 P.8 B-2

七里ガ浜1720円は湘南しらすたっぷり

🔭 **VIEW**

鎌倉高校前駅の踏切
かまくらこうこうまえのふみきり
鎌倉高校前駅から東へ100mほど。踏切越しの江ノ電＆海を写真に収められると人気

江ノ島駅へ

腰越駅

鎌倉高校前駅

江ノ電

134

Amalfi DELLA SERA
アマルフィイ デラセーラ 🏠

● 腰越海水浴場

> サーフィン
> 客も多い

🍴 **GOURMET**
腰越漁港
こしごえぎょこう
漁港に隣接する腰越漁協では、アジやカマスなど揚げたての魚のフライを味わえる

TOWN

鎌倉駅周辺

長谷 由比ヶ浜

七里ヶ浜 稲村ヶ崎

材木座

北鎌倉

金沢街道

江の島

穏やかな
海を一望！

七里ヶ浜の周辺には
江ノ電と海、富士山な
どが見える撮影スポッ
トが多数

ブルーベリークリーム
チーズスコーン 360円

パイナップルクッキー
480円

ドリンクも
充実♪

まるでハワイのベーカリー！

Pacific BAKERY
パシフィックベーカリー

海沿いから七高通りを歩いて10分ほど
の高台にあるベーカリー。南国ムード
満点の店内には、人気のスコーンや惣
菜パンがずらり。テイクアウトのほか、
店前のテラス席も利用可能。

タルタルフィッ
シュバーガー3
70円など食事
系も

🏠鎌倉市七里ガ浜東 3-1-6 ☎0467-40-
3332 🕗8:00〜17:00 休不定休 🚉江
ノ電七里ヶ浜駅から徒歩13分 🅿Pなし
七里ヶ浜 ▶MAP 別P.9 D-2 >>>P.51

🔭 **VIEW**
七高通り
しちこうどおり
県立七里ガ浜高校と
鎌倉プリンスホテルに
挟まれたゆるやかな坂
道。海を見下ろす

🏠 **Pacific BAKERY**
パシフィック ベーカリー

🔭 **VIEW**
鎌倉海浜公園
かまくらかいひんこうえん
海に突き出た景勝地、
稲村ヶ崎の一帯が公園
になっており、江の島
や富士山を望む

七里ヶ浜駅

Pacific
DRIVE-IN

稲村ヶ崎駅

鎌倉R.へ→

七里ヶ浜

Pacific
DRIVE-IN

🔭 **VIEW**
七里ヶ浜海岸
しちりがはまかいがん
稲村ヶ崎から腰越の小
動岬（こゆるぎみさき）
まで約3km続く海岸線。
サンセットも絶景！
>>>P.77

鎌倉駅からひと足のばした静かなエリア

材木座
ZAIMOKUZA

かつて鎌倉幕府の建物や神社仏閣の建築に使われる木材が集まる港があったという材木座。静かなビーチや名刹・光明寺があるほか、話題のレストランや海沿いのカフェが近年続々オープンする、今注目の場所！

穴場なエリア

昼：◎ 夜：△

ローカルな雰囲気が残る海沿いの街。飲食店もあるが、夜は静か。

📷 ZAIMOKUZA 01

海ビューSPOTを
ホッピングしてみる！

ウィンドサーフィンで人気の材木座海岸があり、お寺やカフェなど、あらゆる場所から穏やかな海を眺めることができる。鎌倉中心部ほど人も多くないので、のんびり過ごせるのが魅力。

> 東には
> 逗子を望む

ビーチ

夏は海水浴場としてもにぎわう（2021年は開設せず）

©鎌倉市観光協会

> 天気がいい
> 日は富士山も

記主庭園は7月の蓮の花で有名

大聖閣2階の阿弥陀三尊は、回廊からも拝観できる（特定日のみ）

お寺

遠浅で穏やかな入り江の砂浜
材木座海岸
ざいもくざかいがん

東は逗子、西は由比ヶ浜に挟まれた海岸線。遠浅なので、初心者でもウィンドサーフィンやSUPなどのアクティビティを体験できる。海沿いにはカフェやレストランも。

🏠鎌倉市材木座 🕐散策自由（7〜8月の海水浴場は9：00〜17：00） 🚌バス停光明寺から徒歩1分 🅿Pなし

`材木座` ▶MAP 別P.7 E-3 　　　　>>>P.77

鎌倉幕府の歴代執権ゆかりの名刹
光明寺
こうみょうじ

4代執権、北条経時が開いた浄土宗の大本山。大殿（本堂）は現存する木造古建築では鎌倉随一の大きさ（工事中）。境内の裏手にある天照山に展望台があり、山門越しの海や遠く富士山を一望に。

🏠鎌倉市材木座6-17-19 ☎0467-22-0603 🕐6：00〜17：00（10〜3月7：00〜16：00）、御朱印・土産の受付は9：00〜16：00 🕐無休 💰無料 🚌バス停光明寺から徒歩1分 🅿P20台

`材木座` ▶MAP 別P.4 B-3 　　　　>>>P.17、42、71

> ❗ **Attention**
> **鎌倉最大の木造建築、大殿は大改修工事中！**
> 国重要文化財の大殿は現在、改修工事中。2030年まで見学不可だが、総門や山門、記主庭園だけでも見応えアリ！

オーシャンビューのカフェ
GOOD MORNING
ZAIMOKUZA
グッドモーニング ザイモクザ

複合施設・材木座テラス内にあり、朝食、ランチ、カフェと終日楽しめる。屋外のテラス席は水着やペット連れでも利用できる。海を望むコンパクトホテルも併設している。

🏠鎌倉市材木座5-8-25 材木座テラス1F ☎0467-38-5544 🕐8：00〜9：30、11：30〜20：00 🕐無休 🚌バス停臨海学園前から徒歩5分 🅿Pなし

`材木座` ▶MAP 別P.7 E-3

> 南国ムード
> 満点◎

カフェ

テラス席はサンセットタイムもおすすめ

テイクアウトもできるランチセットは1180円〜

まるで
アート♡

イチゴが主役のパフェ。ショートケーキのような見た目も◎

春菊とアメリケーヌソースのラヴィオリ（前菜）

🍴 ZAIMOKUZA 02

NEXT注目の話題グルメ

材木座エリアには、地元民も太鼓判を押す穴場的なグルメスポットが点在。ランチやカフェ、テイクアウトなどシーンに合わせてチョイスして。

完全予約制

住所非公開の隠れ家レストラン

Nami Zaimokuza
ナミ ザイモクザ

フードディレクターのさわのめぐみさんが不定期で営業。最後のパフェをおいしくいただくためのコース料理は5〜6品で1万2000円〜（写真は一例）。予約はインスタから。　　>>>P.48

パフェ

ランチ＆カフェにおすすめ！

アコテ材木座
アコテざいもくざ

フランス料理と焼菓子、スイーツの店。全てのパーツを手作りする季節替わりのパフェ1760円〜はランチ後のカフェタイムに楽しめる。コーヒーのほか紅茶の品ぞろえも豊富。　　>>>P.52

フルサン

テイクアウトのフルーツサンド

Squeeze 材木座
スクイーズざいもくざ

元八百屋が手掛けるサンドイッチの店。季節のフルーツ5種類を使ったフルーツサンドMIXは580円〜。えびアボカドなど食事系サンドイッチやコールドプレスジュースもある。　　>>>P.51

燻製料理

燻製シラスのわっぱ飯1200円

ランチからディナーまで！

鎌倉 燻製食堂 燻太
かまくらくんせいしょくどうくんた

ベーコンや魚介を香り付けする燻製料理がテーマ。厚切りベーコンステーキ600円などアラカルトのほか定食も。

🏠 鎌倉市材木座4-4-3
☎0467-53-8271　🕐12:00〜20:30　😴月・火曜
🚃バス停九品寺から徒歩1分　🚗Pなし

材木座 ▶MAP別P.4 A-3

📷 ZAIMOKUZA 03

富士山ビューのお寺へ♪

四季折々の自然が楽しめる松葉ヶ谷に佇む安国論寺。日蓮が法華経を読誦したという富士見台からは富士山や由比ガ浜などを見渡せる。

堂内に柱が1本もない珍しい構造の本堂（左）。熊王殿の右手の石段を上ると富士見台。晴れた日の午前中がおすすめ（右）

日蓮聖人ゆかりの寺院

安国論寺
あんこくろんじ

日蓮が布教活動の拠点にしたのが始まり。御小庵奥の御法窟で、文応元（1260）年に北条時頼に建白した『立正安国論』を執筆した。

🏠鎌倉市大町4-4-18　☎0467-22-4825　🕐9:00〜16:30　😴月曜（祝日・お彼岸期間中の場合は開門）　💴100円　🚃バス停名越から徒歩3分　🚗Pなし

材木座 ▶MAP別P.4 B-3

📷 ZAIMOKUZA 04

地元民に愛される小さなお寺にご挨拶

住宅街にひっそりと佇む、拝観自由の静かな寺院。鎌倉幕府を滅ぼした新田義貞が延元2（1337）年に建立。

本堂に掲げられた「九品寺」の額は新田義貞の書の写しと言われている

幕府滅亡の地にある寺院

九品寺
くほんじ

元弘3（1333）年、新田義貞が鎌倉攻めの際に本陣を構えた地にあり、後に北条氏の戦没者を慰霊するために建立された。

🏠鎌倉市材木座5-13-14　☎0467-22-3404　🕐9:00〜16:00　😴無休　💴志納　🚃バス停九品寺から徒歩1分　🚗Pなし

材木座 ▶MAP別P.4 A-3

🚶 材木座エリアへのアクセスは、鎌倉駅からバスを利用するのが便利。鎌倉駅から光明寺は徒歩だと約30分。

TOWN
鎌倉駅周辺
長谷 由比ヶ浜
七里ヶ浜 稲村ヶ崎
材木座
北鎌倉
金沢街道
江の島

119

北鎌倉
KITAKAMAKURA

鎌倉街道沿いに歴史ある寺院が点在する北鎌倉。山々に囲まれた自然豊かなロケーションが魅力で、季節の花々が寺院を彩る。観光の合間の休憩は、老舗の甘味処がおすすめ。

有名なお寺が集結

昼：◎ 夜：△

お寺めぐりがメインの大人なエリア。街道沿いに飲食店も多数。

📷 **KITAKAMAKURA 01**

名刹が目白押し！北鎌倉の観光スポットを押さえる

北鎌倉には円覚寺、建長寺、浄智寺など、鎌倉時代に創建された禅宗寺院が多数集まる。必ず行きたい寺院はあらかじめチェックしておこう。

紫陽花が見事！

ハート形の紫陽花を発見！

境内全域が国の史跡！
明月院
めいげついん

文永5〜文永6（1268〜1269）年に創建された禅興寺（現在は廃寺）の小寺院として創建。昭和40年代に紫陽花が境内に植えられ、「あじさい寺」として有名。
>>>P.13、14、62、68

国重要文化財の木造上杉重房坐像が安置されている

半僧坊では天狗像が！

格式ある禅宗寺院
建長寺
けんちょうじ

鎌倉幕府5代執権・北条時頼が禅僧・蘭渓道隆を開山として建立。三門や法堂など文化財も多く、主要な建物が直線に並ぶ中国の禅宗様式を模した伽藍配置も特徴。
>>>P.14、15、58

国の重要文化財の仏殿。本尊の地蔵菩薩坐像を安置

鎌倉時代後期に創建された禅宗寺院
円覚寺
えんがくじ

建長寺に次いで鎌倉五山第二位のお寺。境内の舎利殿や洪鐘は国宝に指定されている。夏目漱石の『門』に描かれた重厚な木造建築の三門（山門）など見どころ多数。
>>>P.70

境内では坐禅会や法話会も開催されている

三解脱を象徴！

観音像や十六羅漢像が安置されている三門

TOWN

鎌倉駅周辺

長谷 由比ヶ浜

七里ヶ浜 稲村ヶ崎

材木座

北鎌倉

金沢街道

江の島

KITAKAMAKURA 02

仏像がスゴイ！
浄智寺を訪ねる

本堂に安置された阿弥陀・釈迦・弥勒の三世仏や、観音菩薩立像といった南北朝時代に造られたという仏像は必見。表情や手元など細部まで見逃さないで。

鎌倉市文化財の「韋駄天立像」は鎌倉国宝館に！
>P.64

本尊の三世仏。左から阿弥陀如来、釈迦如来、弥勒如来

本堂の裏手では柔和な表情をした観音菩薩立像が見られる

お腹をすりすり

WHAT IS

布袋尊

お腹をさすると福徳円満のご利益があるとされ、弥勒菩薩の化身とも言われる布袋様。境内奥の洞窟に石像が祀られている。

静寂に包まれた緑の中の禅寺

浄智寺
じょうちじ

鎌倉五山の第四位で、北条時頼の三男宗政の菩提を弔うために弘安4（1281）年頃創建。本堂や鐘楼門などに採用された中国（宋）の様式が特徴的。山門から苔むした石段が続く景観が美しい。

参道の石段は鎌倉石

🏠鎌倉市山ノ内1402　☎0467-22-3943
🕐9:00〜16:30　🈺無休　💴200円　🚉JR
北鎌倉駅から徒歩8分　🅿P10台
北鎌倉　▶MAP 別P.10 C-2

境内の見どころ BEST 3 がこちら

① 本堂（曇華殿）

本尊・三世仏にお参り
過去・現在・未来を表す本尊の三世仏を祀る仏殿。曇華殿とは3000年に一度だけ咲くという伝説の花に由来している。

② 鐘楼門

鎌倉では希少な唐様が印象的
上階が梵鐘を吊り下げた鐘楼になっている珍しい山門で、花頭窓という花形の大きな窓も目を引く。

③ 山門

緑深い木々に囲まれた門
無学祖元が書いたと伝わる、仏の教えを意味する「寶所在近」の文字を掲げた総門。手前には鎌倉十井のひとつ「甘露の井」がある。

お寺めぐりの合間に和カフェに行きたい！

北鎌倉のグルメスポットで外せないのが、和の空間が素敵な甘味処！お団子やあんみつなど、手作りの本格和菓子を楽しめるお店でのんびりとした時間を過ごして。

お庭を眺めながら和スイーツ

茶房 花鈴
さぼう はなれい

和風庭園が印象的な甘味処。名物は手作りのみたらしだんご。羅臼昆布でとったダシに喜界島産の黒糖と薄口醤油を煮詰めて仕上げたタレは風味豊か。抹茶スイーツもお試しを。

🏠鎌倉市山ノ内395 ☎0467-24-9737
🕚11:00～LO16:30 🈳不定休 🚃JR
北鎌倉駅から徒歩3分 🚗Pなし

北鎌倉 ▶MAP 別P.10 C-1

旬のフルーツたっぷり♪

みたらしだんご600円。1串に5個並ぶお団子は人間の五体を表現

クリームあんみつ750円。喜界島産の黒糖を煮詰めた黒蜜が美味

庭に面したガラス張りのカウンター席は眺めバツグン

もっちり＆柔らか食感

北鎌倉駅前から歩いてすぐ！

香下庵茶屋
こうげあんちゃや

かつて茶室として使われていた風雅な日本家屋を利用した店。抹茶や和菓子は茶室当時に使用されていた茶道具で提供するなど、空間や器も楽しめる。桜や紅葉も見事。

🏠鎌倉市山ノ内492 ☎0467-25-0411
🕚12:00～16:30 🈳月～金曜（祝日は営業）🚃JR北鎌倉駅から徒歩1分 🚗Pなし

北鎌倉 ▶MAP 別P.10 B-1
>>>P.21

みたらし団子セット500円は煎茶とみたらし2本、あん1本

古い茶道具が素敵！

抹茶600円は干菓子付き

きな粉もち700円（煎茶付き）

贅沢ランチ♪

シェフが選んだ各地のナチュラルワインと共に楽しんで

完全予約制のレストラン

AKIZUKI
アキヅキ

惜しまれつつ閉店した江の島の人気イタリアン・ロアジの秋月シェフの店。鎌倉野菜やジビエ、魚介などの季節の素材のコース料理はどれも絶品。ランチ5500円、ディナー8800円。

🏠鎌倉市山ノ内1386-2
☎0467-53-8740 🕐12:00〜15:00、18:00〜23:00（最終入店19:00）
🈳月曜のランチ、木曜終日、ほか月数回不定休
🚉JR北鎌倉駅から徒歩3分 🅿Pなし
北鎌倉
▶MAP 別P.10 C-2

🍴 KITAKAMAKURA 04

隠れ家みたいな
一軒家レストランへ

落ち着いた空間で食事ができるレストランが多い北鎌倉。なかでも一軒家を丸ごと利用したお店は、まるで友人宅に招かれたようなくつろいだ空間が魅力。

アカザエビのリングイネ、みかん風味（コース一例）

カウンターで調理！

大きな木のテーブル席とカウンターのみの店内

イノシシのグリリア。イノシシの骨でダシをとったソース、カブ、インカのめざめと共に

古民家がいい感じ

甘くないエクレア！

築約100年の古民家をリノベ
ブラッスリー航
ブラッスリーこう

人気フレンチ、航 北鎌倉の味をカジュアルに味わえる。ランチの人気は、アボカドピュレのエクレアがメインのaセット1850円。ココット料理、サラダ、デザート、ドリンク付き。

🏠鎌倉市山ノ内520-2 ☎0467-53-7617 🕐ランチ11:00〜14:00、カフェ14:00〜16:00（LO15:30）、ディナー17:00〜22:00（LO20:30）🈳月曜（祝日の場合翌日）🚉JR北鎌倉駅から徒歩3分 🅿Pなし
北鎌倉 ▶MAP 別P.10 B-1 >>>P.31

コースの最後にはデザートとドリンクも

メインのアボカドピュレのエクレア。さっくりとした食感が◎

多種類の鎌倉野菜を味わえる季節のサラダ。ハチミツドレッシング

🥄 ブラッスリー航の橋本シェフが手掛ける航 北鎌倉（MAP別P.10 A-1）は大人な雰囲気のフレンチ。

123

🍴 KITAKAMAKURA 05

歴史ある街、北鎌倉だから懐石ランチがしたい！

古都らしい情緒漂う北鎌倉で味わいたいのは、器や盛り付けにも工夫を凝らした季節感あふれる懐石料理。ランチなら、本格的なお料理をリーズナブルに味わえる。

鎌倉の四季を映した懐石料理

茶飯事
さはんじ

本格的な懐石コースのほか、茄子田楽や海老真丈がセットになったお膳の好楽1700円なども評判。

🏠鎌倉市山ノ内376-2 ☎0467-25-6015 🕚11:30〜15:00（料理LO13:30）🈺水曜 🚉JR北鎌倉駅から徒歩3分 🅿Pなし
北鎌倉 ▶MAP 別P.10 C-2

秋メニューの一例

煮物
白子の黄身煮や大根などを炊き合わせた煮物

お皿も素敵！

焼き物
カンパチの焼き物に甘く煮た花豆を添えて

ほうじ茶をかけて♪

ご飯
きのこの和え物をのせたご飯にほうじ茶をかけてお茶漬け風に

前菜
ニシンの煮付けとナスの揚げ浸し、菜の花

姫懐石 4500円
季節の食材を使い、3週間に一度内容が変わる7品のコース。

🍴🛒 KITAKAMAKURA 06

かわいいスイーツもチェックする

和食や和スイーツの店が多い北鎌倉だけれど、今話題なのは新感覚のカヌレ専門店！ 小道具店をリノベーションした木造の店内には小さなカフェスペースもあり、空間も魅力的。

グルテンフリーの絶品カヌレ

マヤノカヌレ

小麦粉の代わりに米粉を使ったカヌレはプレーンのほか、ハーブやエディブルフラワーを使ったものなど約5種類。テイクアウトもできる。>>>P.20、92

洗練されたインテリア

夜はお酒とおつまみを提供するバーラールームとして営業

カヌレ各380円。ラベンダー×カモミールなど週替わりフレーバーも登場

TOWN

鎌倉駅周辺

長谷 由比ヶ浜

七里ヶ浜 稲村ヶ崎

材木座

北鎌倉

金沢街道

江の島

 KITAKAMAKURA 07

古民家ミュージアムに寄り道してみる

福井県や横浜市磯子区から移築した、江戸時代後期〜明治時代の木造建築3棟利用したミュージアム。梁や柱など建物のディテールや、アンティークの調度品にも注目！

北鎌倉駅のすぐそば！

ショップでは企画展にちなんだグッズを販売している

ココに注目

季節ごとの企画展
展示は数カ月ごとに変わる。写真は自然研究家のコレクションなどを展示する「自然布展」。

貴重な調度品
大正〜昭和初期のステンドグラスやアンティークの照明など、館内の装飾品も見どころ。

お庭も素敵！
建物は日本庭園に囲まれている。「あじさい展」の期間中は100種以上の紫陽花を楽しめる。

築100年以上の古民家が見事
北鎌倉古民家ミュージアム
きたかまくらこみんかミュージアム

おひなさま展、あじさい展、自然布展など、季節に合わせた企画展を開催するのでいつ訪れても楽しい。ミュージアムショップもチェックして。

🏠鎌倉市山ノ内 392-1 ☎0467-25-5641 ⏰10:00〜17:00 🈺展示替期間 🈹企画展により異なる 🚉JR北鎌倉駅から徒歩2分 🅿Pなし
北鎌倉 ▶MAP 別P.10 C-1

🍴 **KITAKAMAKURA 08**

建長寺発祥の"けんちん汁"にトライ

けんちん汁は、根菜やこんにゃくなどをごま油で炒め、昆布や椎茸のだし汁で煮込んだ精進料理。鎌倉時代に建長寺の修行僧によって作られたのが始まりと言われている。

建長寺伝承！

建長寺の門前にある食事処
点心庵
てんしんあん

建長寺から伝承された調理法で作られるけんちん汁を味わえる。建長寺派管長・吉田正道老大師の書が飾られた座禅堂も見学でき、禅の世界に触れることができる。

🏠鎌倉市山ノ内7 ☎0467-55-9350 ⏰11:00〜16:00(LO15:00) 🈺月曜 🚉JR北鎌倉駅から徒歩13分 🅿Pなし
北鎌倉 ▶MAP 別P.11 E-3

伝承 建長汁 990円はおにぎり付き

建長寺で採蜜！

自家製ハチミツを使う鎌倉はちみつプリン710円

坐禅堂の円窓。座禅体験も可能

🐾 点心庵では鎌倉彫作家の漆器、北大路魯山人の窯を継ぐ北鎌倉の工房の陶器などを使用し、器にもこだわりが。　125

街道沿いの歴史スポットをめぐる！

金沢街道
KANAZAWA KAIDO

鶴岡八幡宮の東にのびる金沢街道は、鎌倉時代の商人が三浦半島の港へ塩や海産物を運ぶために通ったという歴史ある古道。街道沿いには鎌倉時代に創建された寺院や幕府ゆかりの史跡が点在している。

古刹・史跡が点在

昼：◎ 夜：△

お寺のほかに飲食店もちらほら。夕方以降開いている店は少ない。

幻想的な散策路

📷 **KANAZAWA KAIDO 01**

歴史あるエリアだから！
街道沿いのSPOTめぐり

金沢街道沿いにある寺院は報国寺、浄妙寺、杉本寺（→P.65）。ひと足のばして瑞泉寺（→P.67）や覚園寺（→P.65）も。鎌倉駅からバスが出ているので、アクセスは便利。

竹庭

緑鮮やかな竹林を散策
報国寺
ほうこくじ

上杉氏の菩提寺として栄えたお寺。約2000本の孟宗竹が広がる竹林に遊歩道が続き、散策を楽しめる。>>>P.63、73

本堂の裏手には枯山水の石庭がある

紅葉が見事！

かふぇ楊梅亭では白玉あんみつ1300円などスイーツを味わえる

国指定重要文化財

文化財の建物内部も見学できる
一条恵観山荘
いちじょうえかんさんそう

江戸時代初期の皇族の別荘、一条恵観山荘を移築。庭園内は自然豊かで桜、新緑、紅葉と四季折々に美しい景色が見られる。　　　>>>P.14、79

抹茶をいただける

枯山水庭園

1991年に復興された枯山水庭園に面する喜泉庵

臨済宗建長寺派の禅刹
浄妙寺
じょうみょうじ

鎌倉五山のひとつに数えられる寺院。銅板葺き屋根の本堂や足利家の墓、僧侶が茶を喫した喜泉庵などが見どころ。　　　>>>P.66、72

126

TOWN

鎌倉駅周辺

長谷 由比ヶ浜

七里ヶ浜 稲村ヶ崎

材木座

北鎌倉

金沢街道

江の島

🍴 KANAZAWA KAIDO ②

浄妙寺境内に洋館!? 石窯ガーデンテラスで アフタヌーンティー

かつては大寺院だったという浄妙寺境内の奥には、なんと洋館が。建物の装飾やガーデンが美しく、非日常的なティータイムやランチを楽しめるカフェ＆レストランになっている。浄妙寺の拝観料が必要。

瀟洒なインテリアも見どころ

石窯ガーデンテラス
いしがまガーデンテラス

大正11(1922)年にドイツ人建築家により建設された洋館。自家製の石窯パンがおいしいランチのガーデンプレート2700円や英国式アフタヌーンティー3800円が人気。

🏠 鎌倉市浄明寺3-8-50(浄妙寺境内) ☎0467-22-8851 ⊗10:00〜17:00(LO16:00) ㊡月曜(祝日の場合翌日) ㊆浄妙寺拝観料(→P.72) ㊇バス停浄明寺から徒歩3分 🚗P浄妙寺駐車場を利用

金沢街道 ▶ MAP 別P.3 F-2

四季の花が咲くお庭

ガーデンはスコットランド人ガーデナーが担当

自家製のスコーンやスイーツ、セイボリーを味わえるアフタヌーンティー

柚子ソーダは340円

🍴 KANAZAWA KAIDO ③

マフィンがおいしい お菓子屋さんに寄り道

鎌倉宮(→P.60)や荏柄天神社(MAP別P.3 E-2)などがあるエリア、二階堂には地元の人々に愛される店が点在している。焼きたてのマフィンやクッキー、パウンドケーキが並ぶokashi nikaidoは、街歩きの合間のひと休みにぜひ。

丁寧に作られた焼菓子たち

okashi nikaido
オカシ ニカイドウ

自然光あふれる店内で、焼菓子を販売している。発酵バターやてんさい糖など、オーガニックな素材にこだわる焼きたてのお菓子は、ほっこりする優しい味わい。ドリンクもあり、店外のテラスで休憩できる。

🏠 鎌倉市二階堂27-10 ㊙非公開 ⊗10:00〜17:00 ㊡水曜 ㊇バス停天神前から徒歩1分 🚗Pなし

金沢街道 ▶ MAP 別P.3 E-2

シリアルも人気!

9〜10種のマフィンは310円〜、フルーツパウンドケーキ330円

🐾 石窯ガーデンテラスには、和洋折衷のインテリアが美しい個室も。4〜5人で利用でき、予約制。 127

海に囲まれた小島へトリップ♪

江の島
ENOSHIMA

江の島は湘南海岸から相模湾に突き出した景勝地。江戸時代には弁財天を祀る江島神社への信仰が集まりにぎわったという。島内はゆるやかな山になっており、階段や坂道を上りながら名所をめぐる。

名所・史跡が多数

昼：◎ 夜：△

神社や景勝地など観光スポットが充実。魚介を味わえる食堂も。

北鎌倉
金沢街道
由比ヶ浜
鎌倉
七里ヶ浜　長谷
稲村ヶ崎　材木座
江の島

🕊 HOW TO

江の島のお得な回り方

eno=pass1000円は、3つの観光施設と島内移動のエスカーを1日に何度でも利用できる。

江の島 1dayパスポート
eno=pass
2021.10.23
1:38877
大人　1,000円

📷 **VIEW**
片瀬江ノ島駅
かたせえのしまえき

小田急線の片瀬江ノ島駅は、神社仏閣の技法・竜宮造りで造られたユニークな駅舎が特徴！

❗ **Attention**
歩きやすい服装が吉！
江の島弁天橋のたもとから最奥の稚児ヶ淵までは徒歩約30分。島内は階段や坂道などアップダウンが多いので、歩きやすい靴が◎。

歩いて渡れる

📷 **VIEW**
江の島弁天橋
えのしまべんてんばし

湘南海岸と江の島を結ぶ約389mの橋。歩行者専用の江の島弁天橋の隣には車道も

ココが
江の島の頂上

片瀬江ノ島駅から歩いて約10分

📷 **VIEW**
江の島ヨットハーバー
えのしまヨットハーバー

昭和39(1964)年に完成した東日本最大級のヨットハーバー。ヨットハウスにはカフェも

江の島・サムエルコッキング苑

弁財天仲見世通り

稚児ヶ淵　江の島岩屋

江島神社

絶景ポイントが多数

📷 **VIEW**
サンセットポイント

島の西側には、夕暮れどきが絶景のサンセットポイントがある。写真は江の島岩屋

新江ノ島水族館

TOWN

鎌倉駅周辺

長谷 由比ヶ浜

七里ヶ浜 稲村ヶ崎

材木座

北鎌倉

金沢街道

江の島

島内には飲食店やみやげ物店が立ち並ぶ

ビーチ越しの江の島♪

📷 **ENOSHIMA 01**

江の島に渡る前に まずは新江ノ島水族館へ

湘南海岸に面し、江の島を望むロケーション抜群の水族館。見応え抜群なので、江の島に渡る前に立ち寄るなら朝イチで訪れるのがおすすめ。

イルカのジャンプ！

イルカ・アシカショー「きずな/kizuna」は毎日開催

常時約14種類のクラゲを公開するクラゲファンタジーホール

片瀬江ノ島駅から歩いてすぐ

キッズに大人気

館内のオーシャンカフェで人気のカメロンパンは各280円〜

水族館の人気者がこちら♡

いつでものんびり

カピバラ
ネズミの仲間として世界最大のカピバラを間近で観察！

フンボルトペンギン
海をスイスイ泳ぐ姿と陸をヨチヨチ歩く姿、両方を見られる♪

アザラシ
オホーツク海など北の海で流氷と共に回遊するゴマフアザラシも

海の人気者が大集合♪

新江ノ島水族館
しんえのしますいぞくかん

相模湾の海を再現した迫力の大水槽や無料のイルカ＆アシカショー、クラゲだけの展示空間などが人気。海の生き物に直接触れられるタッチプールなど、体験型の展示もある。

🏠藤沢市片瀬海岸2-19-1 ☎0466-29-9960
🕐9:00〜17:00（最終入場16:00）※季節により異なる 🈺無休 ¥2500円 🚃小田急片瀬江ノ島駅から徒歩3分 🚗Pなし

江ノ島 ▶ MAP 別P.12 B-2

🐾 新江ノ島水族館のイベントは、新型コロナウイルス感染拡大の影響で中止・変更の可能性あり。

いつもにぎやか！
江島神社参道でおやつさんぽ

江の島に渡ってすぐのところにある鳥居の向こうは、江島神社の参道。"弁財天仲見世通り"と呼ばれる商店街になっていて、いつもにぎわっている。参道グルメの食べ歩きが楽しみ♪

江の島の入口に佇む青銅の鳥居は延享4（1747）年に創建、文政4（1821）年に再建

行列が絶えない人気店

江の島名物・丸焼きたこせんべい！

あさひ本店
あさひほんてん

新鮮なタコを丸ごと2～3匹プレスした、丸焼きたこせんべい400円の店。目の前で作られ、焼きたてパリパリを味わえる。おみやげ用のボックス入りも販売している。

🏠 藤沢市江の島1-4-8　☎0466-23-1775　⏰9:00～18:00　🗓木曜　🚃小田急線片瀬江ノ島駅から徒歩14分　🚗Pなし

江ノ島 ▶MAP 別P.12 B-3

青のせんべい（しらす）500円は見た目のインパクト大

龍宮城をイメージ

貝の形がかわいい

バニラ、おぐら、抹茶の3種類から選べるアイス最中は各280円

江戸時代創業の老舗
紀の國屋本店
きのくにやほんてん

餡から手作りする女夫（めおと）まんじゅうが名物。サザエやホタテをかたどったパリパリの最中でアイスとあんこを挟んだアイス最中も人気。3種のアイスと好きな組み合わせで。

🏠 藤沢市江の島2-1-12　☎0466-22-5663　⏰8:00～18:00（季節により異なる）　🗓水曜　🚃小田急線片瀬江ノ島駅から徒歩13分　🚗Pなし

江の島 ▶MAP 別P.12 B-3　　>>>P.25

店頭で焼き上げます♪

江の島に渡ってすぐの大きな店！

できたてアツアツの磯焼き

貝作
かいさく

サザエやハマグリなど貝の磯焼きが評判の店。3階建ての広い店内のほか、店の前には気軽に利用できるオープンエアの席もある。刺身定食や生しらす丼などメニューは豊富。

🏠 藤沢市江の島1-3-20　☎0466-22-3759　⏰10:00～季節により異なる　🗓不定休　🚃小田急線片瀬江ノ島駅から徒歩11分　🚗Pなし

江ノ島 ▶MAP 別P.12 B-3　　>>>P.133

イカの丸焼き800円　きざみ焼サザエ800円

ビッグサイズの焼はまぐり800円

江の島の玄関口

江の島の玄関口

↑至江島神社
江島神社参道（弁財天仲見世通り）
↓至弁天橋

あさひ本店

紀の國屋本店

貝作

きなこだんご150円（左）と磯田だんご180円（右）

TOWN
鎌倉駅周辺
長谷　由比ヶ浜
七里ヶ浜　稲村ヶ崎
材木座
北鎌倉
金沢街道
江の島

🕊 WHAT IS

エスカー

朱の鳥居〜辺津宮、辺津宮〜中津宮、中津宮〜江の島頂上部を結ぶ3つのエスカレーター。全区間乗車360円。

📷 ENOSHIMA 03

所要 1時間

エスカーで楽々!?
江島神社を参拝する

源頼朝が江の島に弁財天を勧請したことから鎌倉幕府ゆかりの神社として知られる。境内は坂道や階段が続くので、3カ所あるエスカレーターを使うのが便利。

江島神社
えのしまじんじゃ

🏠 藤沢市江の島2-3-8　☎0466-22-4020
🕐8:30〜17:00　休無休　料参拝自由　交小田急線片瀬江ノ島駅から徒歩15分　🅿Pなし

江ノ島　▶MAP 別P.12 B-3　>>>P.25

エスカー（1区）で！

1 朱の鳥居＆瑞心門
　しゅのとりい すいしんもん

朱の鳥居をくぐると現われるのが竜宮城を模した瑞心門。壁や天井に牡丹や唐獅子の絵画が描かれている。

2 江島神社（辺津宮）
　えのしまじんじゃ（へつみや）

源実朝が創建。昭和の大改修で現在の権現造りの社殿に。境内の奉安殿で八臂弁財天（国重文）と妙音弁財天（市重文）を祀る。

エスカー（2区）で！

見どころをぐるっと

ハーバービュー！

3 江島神社（中津宮）
　えのしまじんじゃ（なかつみや）

平安時代に創建し、5代将軍・徳川綱吉により再建された。拝殿の格天井には154枚の花鳥画や彫刻が施されている。

亀の甲羅の形の亀甲石

エスカー（3区）で！

4 中津宮広場
　なかつみやひろば

中津宮の手前にあり、一年を通して花壇に花が咲く。ウッドデッキの展望台からは七里ガ浜方面を一望。

徒歩5分

江の島最強の
パワースポット!?
「龍宮」で運気UP！

龍宮（わだつのみや）は奥津宮の隣にあり御祭神大神を祀る。江の島岩屋の真上にあるため、強力なパワースポットと名高い。

5 江の島大師
　えのしまだいし

平成5(1993)年創建の真言宗寺院。石造りの本堂は自由に見学でき、毎日行われる護摩行に参加することもできる。

本尊は屋内の像で国内最大級と言う6mの赤不動像

真紅の仁王像！

6 江島神社（奥津宮）
　えのしまじんじゃ（おくつみや）

三姉妹の女神を祀る江島神社の中でも一番上の姉神を祀る。拝殿天井に描かれた「八方睨みの亀」にも注目。

🐢 中津宮と奥津宮の間にある「山ふたつ」は大きな海食洞の天井部分が陥没した跡。

🍴 ENOSHIMA 04

江の島ならではの
名物どんぶりが食べたい！

ランチは湘南名産の生しらすやサザエを使った
海鮮丼がおいしいお店へ。新鮮な魚貝をふんだん
に盛った料理は種類豊富で迷ってしまうほど。店
内から海を望むロケーションも江の島ならでは。

生・釜揚げしら
す丼1320円(禁
漁期の1〜3月
以外)

明治42(1909)年の老舗
江之島亭
えのしまてい

江島神社(奥津宮)の手前にある海鮮料理
の店。サザエの卵とじをご飯にのせた
江の島名物「江の島丼」や、相模湾の新
鮮な魚介を味わえる贅沢な御膳が評判。

🏠 藤沢市江の島2-6-5　☎0466-22-91
11　🕙10:30〜18:00(LO17:30)、土・日
曜・祝日〜19:00(LO18:30)　㊡不定休
(荒天時)　🚃小田急線片瀬江ノ島駅から
徒歩30分　🅿Pなし
江ノ島 ▶MAP 別P.12 A-3

コレが
定番

コリコリ食感のサザエ
の卵とじと生卵をのせ
た江之島丼1210円

オーシャン
ビュー

🍴 ENOSHIMA 05

お座敷でくつろげる店で
海鮮づくし定食

畳の小上がり席がある和食のお店なら、足をのばしてのん
びりくつろげる。窓の外に広がる湘南の海の眺望が江の
島らしいロケーション！

江の島の橋のたもとからすぐ
藤浪
ふじなみ

県内でその日とれた地魚を味わえる。
一番人気は本日の定食1600円。好きな
魚介を2種類選べる二食丼1800円や二
食定食1800円はお得感あり。2階の小
上がり席がおすすめ。

🏠 藤沢市江の島1-3-19　☎0466-27-
9863　🕙11:00〜18:00(LO17:30)
㊡荒天時　🚃小田急線片瀬江ノ島駅から
徒歩12分　🅿Pなし
江ノ島 ▶MAP 別P.12 B-3　　　>>>P.25

4種類の刺身と
煮付け、釜揚げ
しらすが付いた
本日の定食

自家製あん肝500円な
どお酒のアテになる一
品料理も

人気の貝の磯焼きは注文が入ってから調理！

特製ダレが最高

サザエとハマグリ、両方を楽しめるつぼ焼・焼はま定食1650円

アツアツをどうぞ♪

貝の磯焼きが絶品！

磯料理 きむら
いそりょうり きむら

江の島ヨットハーバーの近くにあり、地元民や釣り客に愛される海鮮料理店。サザエやハマグリの磯焼きのほか、金目鯛の煮付け定食2250円などが人気。

🏠 藤沢市江の島1-6-21 ☎0466-22-6813 🕛12:00〜20:00 🈂不定休 🚌小田急線片瀬江ノ島駅から徒歩15分 🚗P2台

江ノ島 ▶MAP 別P.12 B-3

🍴 ENOSHIMA 06

江の島ならやっぱり貝の磯焼きでしょ！

江の島グルメの醍醐味といえば、貝のおいしさを丸ごと味わえる磯焼き。目の前で焼いて、アツアツを提供してくれるお店も多く、いろいろな種類を楽しめるのがうれしい。

大きなイカを丸ごと1杯味わえる姿焼きは800円

コリコリ食感がクセになるきざみ焼サザエ800円

江の島の玄関口にある人気店

貝作
かいさく

江の島弁天橋を渡ってすぐの場所にあり、店頭で焼く貝の磯焼きの香りに誘われる。サザエやハマグリなどは1つから注文でき、ビールと磯焼きで昼飲みを楽しむ人も多い。

🏠 藤沢市江の島1-3-20 ☎0466-22-3759 🕙10:00〜季節により異なる 🈂不定休 🚌小田急線片瀬江ノ島駅から徒歩11分 🚗Pなし

江ノ島 ▶MAP 別P.12 B-3 　>>>P.130

ハマグリがおすすめ

江の島の海鮮料理店は、漁ができないシケの日は休みになることがあるので注意。

TOWN
鎌倉駅周辺
長谷 由比ヶ浜
七里ヶ浜 稲村ヶ崎
材木座
北鎌倉
金沢街道
江の島

133

フルーツ
たっぷり

ENOSHIMA 07

今、フレンチトースト＆パンケーキが話題です

江の島グルメは海鮮料理だけにあらず。島内にはおしゃれなカフェも多く、フレンチトーストやパンケーキの店が休憩スポットとして人気。

江の島最西端のパンケーキ店!?
江の島パンケーキ
えのしまパンケーキ

絶景を眺めながらふわふわパンケーキを味わえると評判の店。独自配合のパンケーキ生地から、キャラメルやフルーツを使ったソースまで全て手作り。1人1皿オーダー制。

🏠藤沢市江の島 2-5-3 ☎0466-23-7605 🕐12:00～17:00LO ⊗不定休 🚃小田急線片瀬江ノ島駅から徒歩40分 🚗Pなし

江ノ島 ▶ MAP 別P.12 A-3

オレンジソース＆塩ヨーグルト1500円（ドリンク付き）

大きな窓から海を望む開放的な店内

濃厚クレームブリュレ1628円やアップルシナモン1320円が人気。ドリンク付き

江の島のてっぺんにある絶景カフェ
LONCAFE 湘南江の島本店
ロンカフェ しょうなんえのしまほんてん

江の島サムエル・コッキング苑内にあるフレンチトースト専門店。高台にあり、相模湾を見下ろす空間はリゾート感満点。外カリ＆中トロのフレンチトーストが自慢！

🏠藤沢市江の島 2-3-38 江の島サムエルコッキング苑内 ☎0466-28-3636 🕐11:00～20:00（LO19:30）、土・日曜・祝日 10:00～21:00（LO20:30）⊗無休 🚃小田急線片瀬江ノ島駅から徒歩25分 🚗Pなし

江ノ島 ▶ MAP 別P.12 E-3 >>>P.25、136

表面をキャラメリゼ♪

テラス席が
特等席

TOWN

鎌倉駅周辺

長谷 由比ヶ浜

七里ヶ浜 稲村ヶ崎

材木座

北鎌倉

金沢街道

江の島

開放的なオープンエアのテラス
席は早い者勝ち！

クレープはテイクアウトも可能

クレープ いちごとあずき 1050円は
ボリューム満点

🍴 ENOSHIMA 08

オーシャンビューの
島カフェを発見！

島内のあらゆる場所でオーシャンビューを楽しめる
江の島。天気がいい日はリゾート風のカフェが正
解！ 海を見下ろすテラス席にパラソルが並び、非
日常感を楽しめる。

高台にある一軒家カフェ
Cafe Madu 江の島店
カフェ マディ えのしまてん

フルーツをふんだんに使ったクレープや果実
感たっぷりのかき氷などのスイーツが自慢。
クレープは生地に米粉とアーモンドプードル
を加え、もっちり食感に仕上げている。

🏠藤沢市江の島 2-6-6 ☎0466-41-9550 ⊗
11:00〜18:00、冬季12:00〜18:00、土・日曜・
祝日10:00〜19:00 ㉿無休 ⊗小田急線片瀬
江ノ島駅から徒歩30分 🚗Pなし

江ノ島 ▶MAP 別P.12 A-3

パフェ 和風抹茶
黒蜜900円。キャ
ラメルチョコブラ
ウニーのクレープ
900円も人気

☕ レトロな猫カフェ、ありました！

猫さんは♪
神出鬼没♪

アンティーク家具が素敵
なレトロなインテリアと、
飼い猫さんに癒されるカ
フェ。ヨーグルトケーキと
ブレンドコーヒーのセット
は1000円。

裏路地に佇む隠れ家カフェ
カフェー マル

🏠藤沢市江の島 1-6-5 ☎非公開 ⊗11:30〜19:00
（最終入店18:30）㉿木曜 ⊗小田急線片瀬江ノ島
駅から徒歩14分 🚗Pなし

江ノ島 ▶MAP 別P.12 E-3

🐾 カフェー マルでは、猫さんをモデルにしたグッズやアンティークのティーカップなども販売している。

緑が
いっぱい♪

📷 ENOSHIMA 09

絶景ビューも素敵な
江の島サムエル・コッキング苑へ

江の島サムエル・コッキング苑には、絶景を楽しめる江の島シーキャンドル（展望灯台）があり、富士山や湘南海岸など360度のパノラマを一望できる。

南国ムードあふれる植物園

江の島サムエル・コッキング苑
えのしまサムエル・コッキングえん

明治時代のイギリス人貿易商、サムエル・コッキング氏が作った庭園が前身。四季を通して草花を楽しめる植物園になっている。当時の温室遺構地下室も公開している。

🏠 藤沢市江の島2-3-28　☎0466-23-2444　🕘9:00〜20:00（最終入苑19:30）　休無休　料200円（江の島シーキャンドル500円）　🚃小田急線片瀬江ノ島駅から徒歩25分　🚗Pなし

江ノ島　▶MAP 別P.12 B-3　　>>>P.8

江の島1dayパスポート「eno=pass（エノパス）」でも入苑可能

🕊 HOW TO

ひと休みするなら
江の島の"てっぺんカフェ"

園内には2カ所のグルメスポットが。フレンチトーストで人気のLONCAFEは、海を望むロケーションも素敵。

LONCAFE 湘南江の島本店 >>>P.134

苑内では珍しい植物も見られる。江の島シーキャンドル
（展望灯台）は絶景！

📷 ENOSHIMA 10

一日の締めくくりは
サンセットの名所へGO

「かながわの景勝50選」にも選定された絶景スポット。隆起現象によってできた海食台地に波が打ち寄せ、相模湾と富士山のパノラマが広がる。特に日没時が美しい。

人気のデート
スポット

江の島最西端の景勝地

稚児ヶ淵
ちごがふち

鎌倉の相承院で修行していた稚児の白菊が、ここから身を投げたことが名前の由来。干潮時は海食台地の上を歩くことができ、磯釣りのポイントとしても人気がある。

🏠 藤沢市江の島2-5　☎なし　休見学自由　🚃小田急線片瀬江ノ島駅から徒歩30分　🚗Pなし

江ノ島　▶MAP 別P.12 A-3　　>>>P.25

磯釣り客が
いっぱい♪

TOWN
鎌倉駅周辺
長谷 由比ヶ浜
七里ヶ浜 稲村ヶ崎
材木座
北鎌倉
金沢街道
江の島

入口は海に面する

江の島の再奥、江の島岩屋を探検する

江の島の南西にある「江の島岩屋」は、長い年月を経て波の浸食で作られた洞窟。奥行き152mの第一岩屋と、奥行き56mの第二岩屋を見学できる。

洞窟内を探検してみる！

江の島岩屋
えのしまいわや

弘法大師や日蓮上人も修行したと言われ、江の島信仰発祥の地とされるパワースポット。

🏠藤沢市江の島2 ☎0466-22-4141（藤沢市観光センター） 🕐9:00～16:00（季節により異なる） 🈺荒天時 💴500円 🚃小田急線片瀬江ノ島駅から徒歩30分 🚗Pなし

江ノ島 ▶MAP 別P.12 A-3

洞窟内は神秘的

第一岩屋は富士山の氷穴に通じていると言われる

洞窟内は途中で二手に分かれる

船上から富士山も見える。荒天時は運休する

旅気分を楽しめる♪

遊覧船"べんてん丸"でスイ〜ッと移動

遊覧船べんてん丸の乗り場は、江の島弁天橋と稚児ヶ淵のすぐ近くにある。島の西側をぐるっと回り、江の島弁天橋までを結んでいる。少しの波風でも運休になるので注意。

景色を楽しみながら移動

べんてん丸
べんてんまる

🏠乗り場：江の島弁天橋、稚児ヶ淵 ☎0466-22-4141（藤沢市観光センター） 🈺要問い合わせ（当日10時に運航が確定） 💴400円 🚃小田急線片瀬江ノ島駅から徒歩5分（江の島弁天橋乗り場まで） 🚗Pなし

江ノ島 ▶MAP 別P.13 A-3、P.12 B-2

ココもチェック！"江の島に行く前SPOT"

江ノ電江ノ島駅や小田急線片瀬江ノ島駅周辺には、江の島に渡る前に立ち寄りたいグルメスポットが。思わず写真を撮りたくなる素敵なお店が見つかる。

まるで地中海リゾート!?

Lucky Meal Mermaid
ラッキー ミール マーメイド

リバーサイドにあるカフェレストラン。カラフルな貝殻が飾られたフードメニューが人気。

🏠藤沢市片瀬海岸2-8-17 2F ☎0466-77-7429 🕐10:00～21:30（LO20:30） 🈺無休 🚃小田急線片瀬江ノ島駅から徒歩1分 🚗Pなし

江ノ島 ▶MAP 別P.12 C-2

ランチにおすすめ

クリーミーなマーメイドクラムチャウダースパゲッティ1750円

リゾート感満点の店内。ハンモックのあるテラス席も

🚣 遊覧船のべんてん丸は、江の島岩屋と江の島弁天橋を往復している。不定期運航なので注意。

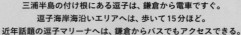

鎌倉からすぐの海沿いリゾート

逗子
Zushi

三浦半島の付け根にある逗子は、鎌倉から電車ですぐ。
逗子海岸海沿いエリアへは、歩いて15分ほど。
近年話題の逗子マリーナへは、鎌倉からバスでもアクセスできる。

海沿いエリアはまるで
南国リゾート♪

📷 **ZUSHI 01**

今注目のマリーナリゾート
リビエラ逗子マリーナへ！

都心から約1時間、立ち並ぶヤシの木が海外リゾートを彷彿とさせるリビエラ逗子マリーナ。ヨットハーバーやホテル、リゾートマンションをはじめ、話題のレストランやカフェも人気。

> まるで
> L.A.!?

ホテルやレストラン、カフェのテラスから江の島や富士山を望める

> カラフル
> ドリンク♪

旬の果物で作ったオリジナルジュースも

L.A.セレブ御用達の
日本初上陸レストラン

あの人気カフェが
ハーバービュー！

季節のデザート850円(上)やレモンケーキ385円(右)などのスイーツが評判

カリフォルニア発のスペシャリティストアが隣設

Ron Herman cafe 逗子マリーナ店
ロン ハーマン カフェ ずしマリーナてん

東京でも人気のロンハーマン カフェを、ハーバービューという絶好のロケーションで楽しめると話題の店。全面ガラス張りの店内やオープンエアのテラス席から海を望む。

🏠逗子市小坪5-23-10 リビエラ逗子マリーナ内 ☎0467-23-2153 🕐11:00～19:00(LO18:00) 🈳無休 🚃バス停小坪から徒歩7分 🅿170台

逗子 ▶MAP 別 P.13 D-1

開放的なレストランは愛犬家にもうれしい

マリブファーム 逗子マリーナ
マリブファーム ずしマリーナ

「フレッシュ、オーガニック、ローカル」をコンセプトに、湘南の新鮮野菜や相模湾の魚介類などこだわりの食材を使用し身体に優しい料理を提供。

🏠逗子市小坪5-23-16 リビエラ逗子マリーナ内 ☎0467-23-0087 🕐ランチ11:00～15:00(LO14:30)、カフェ15:00～16:30、ディナー17:00～20:30(LO19:30) 🈳火曜 🚃バス停小坪から徒歩7分 🅿170台

逗子 ▶MAP 別 P.13 D-1

🏨 **極上のリゾートステイが叶う**

全11室がスイートルームで、富士山・ハーバービューが魅力のスモールラグジュアリーホテル。コンセプトは「何もしない贅沢な時間」。

MALIBU HOTEL
マリブ ホテル

🏠逗子市小坪5-23-16 リビエラ逗子マリーナ内 ☎0467-23-0077 💴1泊朝食付き2名1室8万1200円～(時期や部屋により異なる) 🅿バレーパーキングを利用 逗子 ▶MAP 別 P.13 D-1

ACCESS

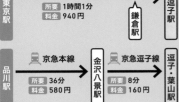

東京駅	→ JR横須賀線 所要 1時間1分 料金 940円	鎌倉駅	逗子駅
品川駅	京急本線 所要 36分 料金 580円	金沢八景駅 京急逗子線 所要 8分 料金 160円	逗子・葉山駅

金沢街道
由比ヶ浜 鎌倉
長谷
稲村ヶ崎 材木座
逗子
葉山

逗子マリーナに注目

昼：◎ 夜：△

リゾートエリアの逗子
マリーナが人気。カフェ
やベーカリーも多数。

¶¶ ZUSHI 02

海を見下ろす絶景レストランが
オープンしたと聞いて

リビエラ逗子マリーナから歩いて約5分の海沿いエリアに、
まるで海外リゾートのようなホテルがオープン。オーシャン
ビューのレストランは宿泊者以外も利用できる。

鎌倉の海岸
線を望む

店内はシックなインテリア

ランチも
ディナーも！

鎌倉野菜や相模湾の
魚介類を中心とした創
作フレンチを提供。メ
ニューは季節ごとに変
わるコース仕立て

海辺のホテルで優雅なひと時

THE HARBOR TERRACE
ザ ハーバー テラス

2021年7月開業。屋上のインフィニティプール
は宿泊者のみ利用できる。

🏠逗子市小坪5-14-7 ☎0467-39-5188 ㊙11:
30〜14:30(LO13:30)、16:00〜21:00(LO19:
30) ㊙1泊1室4万8500円〜(朝食付き) ㊙バ
ス停飯島から徒歩3分 🚗Pなし

逗子 ▶MAP 別P.13 D-1

8室ある客室はテラス
やシービューバス、ジ
ャクジーなどが備えら
れた贅沢な空間

客室には
キッチンも

🏖鎌倉駅から逗子の各所へは、電車で逗子駅で行くか、鎌倉駅から出ているバスでアクセスする。

毎日50種類以上のパンがラインナップ！　　　　テイクアウト専門のお店

🍴 **ZUSHI 03**

実は逗子って、パン激戦区なんです

高級住宅街を擁する逗子には、美食家のセレブも多数。市内にはグルメも納得のハイレベルなパンの店が集まっている。地元民も太鼓判を押すベーカリーをチェックして。

食事系も
おやつ系も

イタリア産ベースト入りのピスタチオクリーム 240円

イチジクとレーズンとクルミ 600円（ハーフ）

人気No.2のフォカッチャ（オリーブ）420円

人気No.1
はコレ！

バゲット 340円は低温長時間発酵がおいしさの秘密

2021年5月オープンの注目ベーカリー

pain presso
パン プレッソ

イタリアやフランスのブランドのベーカリーで30年以上腕を磨いた富田さんの店。フェアトレードチョコレートを使用したパン・オ・ショコラ 300円や渋皮栗のババカ 1000円も人気メニュー。

🏠 逗子市山の根1-2-33 GAビル 1F ☎ 046-845-9781　🕘 9:30〜17:00　🛇火・水曜　🚃 JR逗子駅から徒歩5分　🚗 Pなし
逗子 ▶MAP 別 P.13 E-1

⛵ **逗子海岸でオーシャンビューなランチ！**

夏は海水浴場としてにぎわう逗子海岸には、オーシャンビューの人気レストランが点在している。

絶景ビューと本格イタリアン！

シーサイドイタリアンカンティーナ

逗子海岸が一望できる海辺のイタリア料理レストラン。石造りの薪窯で作るナポリ風ピッツァや地元食材を使うパスタなどメニュー豊富。

🏠 逗子市新宿1-3-15　☎ 046-870-6440　🕘 ランチ11:00〜17:00、ディナー17:00〜22:00(LO21:00)　🛇無休　🚃 バス停逗子郵便局から徒歩8分　🚗 P78台
逗子 ▶MAP 別 P.13 E-1

ピザ釜で焼き上げるマルゲリータ 1380円

パスタかピッツァを選べるランチセットAは1500円

オムレツサンド ハム＆チーズ1048円。イートインは1430円
（イートインはドリンク・サラダがセット）

🍴 ZUSHI 04

予約がマストなウワサの
玉子サンド、あるってよ

贅沢に卵を5個使ったふわとろオムレツ専門店に
今、熱視線が集中！人気はボリューミーなオムレ
ツサンドで、テイクアウトして海でピクニックする
のがおすすめ。

予約が
マスト！

SNSで話題沸騰中！

SUNDOWNER 東京オムレツ
サンダウナー とうきょうオムレツ

フードトラックで人気を博したオムレツ
専門店。こぢんまりとした店内は、オー
プンと共に満席に。セットドリンクのパッ
ションレモネード432円も人気。

🏠逗子市逗子6-5-1 藤和5番館W＆G2
F ☎046-815-6482 🕚11:00〜売切
次第終了（電話予約は9:30〜）🈺月・火
曜（祝日の場合営業）🚉京急逗子・葉山駅
から徒歩3分 🅿Pなし
逗子 ▶MAP 別P.13 F-1

店内飲食の場合も予約がベター

アメリカのダイナーのような雰囲気

📷 ZUSHI 05

ベイクがおいしい
あのお店へ

JR逗子駅から歩いて10分ほど
の静かな住宅街に、2021年6月
にオープン。早くもグルメな地
元民の間で話題になっているの
が、こちらのベイクのお店！店
頭にはコーヒーと相性抜群のベ
イクがそろい、お散歩の合間の
ひと休みにおすすめ。

グルテンフリー＆ヴィーガンのベイクも

POOLSODE COOFFEE
プールサイド コーヒー

「スイミングスクールの隣にある
から」と名付けた店名がユニーク。
ハンドドリップ550円には、浅煎
りのコーヒー豆を週替わりでセレク
ト。オリジナルブレンドのエス
プレッソも用意されている。

🏠逗子市桜山8-1-38 ☎なし 🕙10:00〜18:00
🈺木曜 🚉JR逗子駅から徒歩12分 🅿Pなし
逗子 ▶MAP 別P13 F-1

ベイクが
充実♪

⛵飲食店はJR逗子駅周辺や逗子海岸に多い。

海ビューレストラン＆カフェめぐりが楽しい！

葉山
Hayama

明治時代から別荘地として愛されてきた葉山。
夏は海水浴場としてにぎわい、サーフィン好きが
集まるエリアとしても有名。

海岸線はどこにいても
富士山ビュー！
©葉山町

路地から海
へアクセス

BEACH

CNN「世界の厳選ビーチ100」にも選出
一色海岸
いっしきかいがん

三ヶ岡山と御用邸に囲まれた、
プライベートビーチのような雰
囲気が魅力。夏は海水浴場に。

🏠葉山町一色 ☎046-876-1111
（葉山町観光協会）　営休散策自
由　交バス停一色海岸から徒歩2
分　🚗P25台（三ケ岡駐車場）
葉山 ▶MAP 別P.13 F-3

©葉山町

葉山マリーナにはカフェやレスト
ラン、ショップもある

©葉山町

HAYAMA MARINA

📷 **HAYAMA 01**

何はともあれ、
海沿い散歩へ

相模湾に面する葉山は、一色海岸や森戸海岸など、
美しい砂浜が続く海岸線沿いのお散歩が楽しい。
絶景の景勝地や美術館、カフェなどが点在してい
る。のどかな海沿いスポットをホッピング。

高台にある
美術館

MUSEUM

日本の近代アートが集結！
神奈川県立近代美術館 葉山
かながわけんりつきんだいびじゅつかん はやま

日本初の公立近代美術館の3番目の館として2003
年にオープン。日本近代作品を約1万5000件を所
蔵する。レストランからの眺望が見事。

🏠葉山町一色2208-1 ☎046-875-2800 営9:30〜
17:00（最終入館16:30）休月曜（祝日の場合開館）、
展示替期間 料展覧会により異なる 交バス停三ヶ丘
から徒歩1分 🚗P53台
葉山 ▶MAP 別P.13 F-3

ACCESS

| 東京駅 | 🚆 JR横須賀線 所要 1時間1分 料金 940円 | → | 逗子駅 | 🚌 バス 所要 6分 料金 200円 | → | 葉山マリーナ |

| 品川駅 | 🚆 京急本線 所要 36分 料金 580円 | → | 金沢八景駅 | 🚆 京急逗子線 所要 8分 料金 160円 | → | 逗子・葉山駅 | 🚌 バス 所要 4分 料金 200円 | → | 葉山マリーナ |

金沢街道
由比ヶ浜　鎌倉
長谷
稲村ヶ崎　材木座
逗子
葉山

ドライブもおすすめ

昼：◎　夜：△

海沿いに見どころが点在。県道207号線はドライブにぴったり。

🍴 HAYAMA 02

ランチだってオーシャンビューがいい！

葉山の海岸線沿いには、おしゃれなカフェやレストランも多数。オーシャンビューで、日本にいながら海外リゾートのような雰囲気を満喫できるのが人気の秘密。

マルゲリータ
2200円

サラダとバゲットが付いたラザニア2100円

カクテルのようなスイカソーダ
800円

靴を脱いでくつろげるソファ席

テラス席は眺望◎

2階にはオーシャンフロントのカウンター席も

のんびりできるソファ席をキープして！

UNDER THE PALMO
アンダー ザ パルモ

森戸海岸にあり、ビーチからアクセスできるカフェレストラン。大きな観葉植物のある店内は、2フロアあり、広々。リゾート気分を味わいながら本格的な料理を楽しめる。

🏠葉山町堀内340 ☎0468-747-429 🕚11:00～20:00（LO19:30）、季節により異なる 🈳無休 🚶バス停元町から徒歩5分 🅿Pなし

葉山 ▶MAP 別P.13 E-2

🕊 HOW TO

移動はマイカー or バス

公共の交通機関はバスのみ。JR逗子駅や京急逗子・葉山駅から県道207号線に路線バスが運行している。車窓からも海が見える。

©葉山町

"葉山女子旅きっぷ"

京急電車＆バスの乗車券、提携飲食店で使えるごはん券、クルージングや名品スイーツに使えるごほうび券がセットに。品川発3500円。

🏖 一色海岸や森戸海岸の海水浴場は7月上旬～8月下旬にオープン。磯遊びも楽しめる。

中庭にも
テーブルが

ロッキングチェアの窓際席は陽光が
差し込みポカポカ

🍴 HAYAMA 03

素敵すぎる
名物ベーカリーを発見！

朝のオープンと同時に多くの客が訪れる話題のお店があると聞いて、森戸神社のすぐそばのベーカリーへ！ 大きなガラス窓から中庭を望む開放的なカフェスペースでひと休み。

ビッグ
サイズ！

パン屋のワッフルセット900円はドリンクorスープ付き

パッケージがキュートなレモンケーキ1個320円はおみやげにも

オリジナルブレンドのドリップバッグコーヒーは5個セット750円

「毎日食べられるシンプルなパン」がテーマ

三角屋根 パンとコーヒー
さんかくやね パンとコーヒー

店頭には角食パン、サンドイッチ、菓子パンが並び、奥のカフェスペースではトーストやキッシュを提供。パン酵母を使うワッフルは、外はカリッ、中はふわふわで絶品！

白いお家が
目印

🏠葉山町堀内1047-3 ☎046-884-9113 🕘9:00～17:00 ㊡月・木・金曜 🚃バス停森戸神社から徒歩1分 🅿Pなし
葉山 ▶MAP 別P.13 E-2

⛵ 森戸神社＆森戸海岸に寄り道してみる！

「三角屋根 パンとコーヒー」を訪れたら、歩いてすぐの森戸海岸＆森戸神社へも寄り道してみて。穏やかな海の向こうに江の島や富士山を望む、海岸線沿いはお散歩にぴったり。

相模湾に突き出た岬に立つ
森戸神社
もりとじんじゃ

🏠葉山町堀内1025 ☎046-875-2681 🕘参拝自由 🚃バス停森戸神社から徒歩1分 🅿P100台
葉山 ▶MAP 別P.13 E-2

葉山一大きい遠浅ビーチ
森戸海岸
もりとかいがん

🏠葉山町堀内 ☎046-876-1111（葉山町観光協会）🕘散策自由 🚃バス停森戸神社から徒歩3分 🅿Pなし
葉山 ▶MAP 別P.13 E-2

©葉山町

バス通り
から鳥居が

マリンスポーツも人気

🍴 HAYAMA 04

まるでヨーロッパ!?
海辺のレストランがかわいい♡

葉山マリーナのすぐそばに、ひと際目を引く白亜の洋館が!まるで南仏の海辺のレストランのような非日常的な空間で、食事やカフェタイムを過ごせる。

窓際が特等席!

海辺の一軒家レストラン

レストラン ラ・マーレ

別荘のような洋館が素敵。フレンチをベースにしたカジュアルな創作料理を提供している。1階がカフェ&ブラッスリー、2階はレストラン、3階はバンケットルーム。

🏠葉山町堀内24-2 ☎046-875-6683 ⏰11:30〜21:00(カフェブラッスリー〜20:00LO、レストラン11:30〜16:00(LO14:00)、17:00〜21:00(LO19:00) 🈺月曜(祝日の場合翌平日) 🚌バス停鐙摺から徒歩1分 🅿P15台

葉山 ▶MAP 別P.13 E-2

お店は海に面している

バスクチーズケーキ 660円などスイーツメニューがありカフェ使いOK

ランチのセット2200円のほかアラカルトも

イチゴどっさり

カフェメニューの三浦産完熟イチゴ(紅ほっぺ)とプリン1650円

手作り焼きプリンが絶品

マーロウ 葉山マリーナ店
マーロウはやまマリーナてん

テイクアウト用のビーカープリンは定番のカスタードプリン734円のほか、季節のフルーツを使ったものなど多彩なラインナップ。店内でゆっくりイートインも可能。

🏠葉山町堀内50-2 葉山マリーナ1F ☎046-875-0412 ⏰10:00〜18:30(LO18:00)、テイクアウト〜19:00 🈺火曜(施設に準ずる) 🚌バス停葉山マリーナから徒歩1分 🅿P約160台

葉山 ▶MAP 別P.13 E-2

国産ネーブルとハニークリームチーズプリン1100円

🍴 HAYAMA 05

葉山マリーナでゲット!
ウワサのおみやげプリン

ビーカー入りのビッグサイズなプリンで有名なマーロウが葉山マリーナ内に。ビーカーは季節限定・店舗限定などもあり、手みやげとしても大人気。食べ比べしたくなるほどフレーバーも種類豊富。

葉山マリーナ

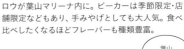

🌅 海上散歩ができる「江ノ島・裕次郎灯台周遊クルージング」は葉山マリーナから出発する。

STAY

ニューオープンが続々登場！
鎌倉街ナカの注目ホテルへ

KAMAKURA HOTEL

完全貸し切りのサウナで旅の疲れを癒す

夕方からは"和酒バー"がオープン♪

天気のいい日はホテルから人力車散策もおすすめ

1階には軽い夕食とお酒を楽しめるバーも併設

KEY WORD
和モダンがステキ♡

KAMAKURA　HOTEL

鎌倉駅から徒歩すぐの路地にある隠れ家的な空間

STAY POINT

国産酒がそろう
和酒バーでしっとり楽しむ
日本酒や焼酎をはじめ、ワインや果実酒などの国産酒を豊富にそろえる。鎌倉食材を使ったおしんこなどつまみも充実。

完全貸し切り！
お茶がテーマのサウナ
サウナストーンにお茶をかけて、蒸気と共に立ち上る香りでリラックス。水分補給も煎茶や玉露、ほうじ茶で。

福岡八女産の煎茶など客室アメニティも充実

朝食はおにぎり＆
鎌倉造りのお味噌汁
数種類の具材から選べるおにぎりと、鎌倉野菜の入ったお味噌汁で一日をスタート。

和洋折衷の
快適なゲストルーム
全16室のゲストルームは、畳や障子などを用いた和の空間。デラックスツインルームは広々とした専用テラス付き。

旅館のくつろぎ感とホテルの快適さが融合！
KAMAKURA HOTEL
カマクラ ホテル

2020年11月にグランドオープンした、静かにステイできるホテル。人気は宿泊ゲスト専用のサウナ。茶室をイメージしたプライベート空間を完全貸し切りで利用できる。

🏠鎌倉市御成町12-27　室数16室　☎0467-55-5380
🚉JR・江ノ電鎌倉駅から徒歩2分　🅿Pなし
鎌倉駅周辺　▶MAP 別P.14 B-1　>>>P.8
料金 1泊1室2万3000円〜（朝食付き）
IN 15:00　OUT 11:00

日帰りで楽しむ人が多い鎌倉だけど、実は素敵なニューオープンホテルも多数あり、1泊するのもおすすめの街。アクセス便利な鎌倉駅周辺で、鎌倉らしさを満喫できる2軒がこちら。

🕊 HOW TO

鎌倉のホテル選び

アクセスを重視するなら、カジュアルホテルが点在する鎌倉駅周辺へ。眺望重視なら七里ヶ浜などの海沿いエリアへ。鎌倉駅から電車で約5分の大船駅周辺にはリーズナブルなビジネスホテルが多数。

HOTEL METROPOLITAN KAMAKURA

鶴岡八幡宮の二ノ鳥居を望む 若宮大路沿いにある!

KEY WORD どセンター!?

ホテル内にいながら四季を感じられる中庭も

ツインやダブルなど12種類のゲストルーム

和洋が選べる朝ごはん♪

鎌倉駅東口から徒歩2分、鶴岡八幡宮まで徒歩8分の好立地

人力車でおさんぽしてみる?

ホテルの車寄せから乗車できる人力車1人3000円〜

STAY POINT

ホテル内に Café&Meal MUJI を併設

ホテル1階には無印良品のレストランが。朝食はビュッフェに加え、和食・洋食・カレーの3種類からメインを選べる。

大通り沿いの絶好のロケーション

鶴岡八幡宮や小町通りは徒歩圏内で散策が楽しい。駅やバス停も近いので、お寺めぐりにも最適な立地。

屋内にいても季節を感じられる中庭

緑豊かな中庭に面したロビーは、縁側をイメージ。自然素材のテーブルやソファなど心地よいインテリアも魅力。

シティビューのゲストルーム

プレミアムコーナールームの客室は、床から天井まである大きな窓から若宮大路にある二ノ鳥居を望む。

鎌倉のセンターに2020年4月オープン!

ホテルメトロポリタン 鎌倉
ホテルメトロポリタン かまくら

鶴岡八幡宮の参道である若宮大路沿いにオープン。朱色の鳥居を望む古都らしいロケーションが魅力。

🏠 鎌倉市小町1-8-1　客室138室　☎0467-60-1111
🚉 JR・江ノ電鎌倉駅から徒歩2分　🚗P16台（予約制）

鎌倉駅周辺　▶MAP 別P.14 B-3　　>>>P.8

料金 1泊1室1万9400円〜（朝食付き）
IN 15:00　OUT 11:00

STAY

シチュエーションで選ぶなら！
海ビュー＆古民家にステイ♡

KEY WORD
江の島ビュー

HOTEL AO KAMAKURA

江の島と相模湾を望む
ローカルエリアのデザインホテル

通りを挟んですぐ目の前は海水浴もできる腰越海岸

建築家・千葉学氏の設計。4タイプ16室の客室がある

STAY POINT

湘南の新鮮な食材を使用した
豆皿料理とお粥の朝食

ダイニングでは、とれたて卵を使用しただし巻き卵、湘南のしらす、三浦野菜、小田原の梅、自家製 海苔の佃煮などおいしく体に優しい朝食がいただける。

客室からも
オーシャンビュー！

海側でテラス付きのスイートやスーペリアルーム、畳の小上がりがあるデラックスルームなどを選べる。

腰越漁港からすぐの穴場エリアにある
HOTEL AO KAMAKURA
ホテル アオ カマクラ

そばの名店、鎌倉 松原庵がプロデュースするスモールラグジュアリーホテルが、ローカルな雰囲気漂う江ノ電腰越駅近くに2021年3月オープン。海の目の前にある最高のロケーション。

🏠鎌倉市腰越3-1-7　室数16室　☎0467-55-5512
⊗江ノ電腰越駅から徒歩3分　🚗P4台
腰越　MAP 別P.8 A-1　　　　　　　　>>>P.8
料金 1泊1室1万8750円〜（ネット予約・平日限定1名朝食付きプラン）
IN 15:00　OUT 11:00

外せない老舗ホテルがココ

KEY WORD
ラグジュアリーに過ごす

鎌倉を代表する海沿いのリゾートホテル
鎌倉プリンスホテル
かまくらプリンスホテル

七里ヶ浜の高台にあり、相模湾を見下ろす。97室のホテル棟のほか、季節限定の屋外プールやゴルフ場、ウエディングチャペルを併設。日本料理とフランス料理のレストランも。

🏠鎌倉市七里ガ浜東1-2-18　室数97室　☎0467-32-1111　⊗江ノ電七里ヶ浜駅から徒歩3分　🚗P253台
七里ヶ浜　▶MAP 別P.9 D-3
料金 2名1泊1室1人9546円〜（朝食付き）
IN 15:00　OUT 11:00

七里ガ浜の絶景を
ホテルから見下ろす

緑豊かな敷地内はリゾート感満載。七里ヶ浜海岸は通りを挟んですぐ。

多彩な海ビューの
ゲストルーム

6タイプの客室からは江の島や富士山を望む。スイートルームはバルコニー付き。

レストランで
プチ贅沢!?

フレンチレストランのル・トリアノンは昼・夜共にコース料理を提供。ベジタリアンのSOYミートランチも人気。

鎌倉らしいシチュエーションにこだわるなら、非日常感満点のオーシャンビューのホテルや、古民家を利用した古都ならではの宿へ。

HOW TO
ゲストハウス or 民泊
ドミトリールームのあるゲストハウスや一般の民家にステイできる"民泊"は、インバウンドや釣り＆サーフィン客に人気。リーズナブルな値段で暮らすように滞在できるのが魅力。

KAME JIKAN

館内には世界各地の亀が！

古民家でのんびりできる隠れ家的なゲストハウス

KEY WORD
古民家ゲストハウス

定員4名の和室。日本家屋の風情を満喫できる

ラウンジスペースにはドリンクも用意されている

レトロなインテリアがかわいい

落ち着いた照明が温かみのある空間を演出

建物は瓦屋根の日本家屋。銭湯の"清水湯"までは徒歩約5分

STAY
鎌倉中心部
海ビュー
古民家

STAY POINT

うれしい
ワンコイン朝ごはん
オリジナルの天然酵母パンや鎌倉野菜のスープなど手作りの朝ごはんが評判。500円とリーズナブル！予約が必要。

レトロな
共有スペースも
ラウンジスペースはいつでも利用可能。週末はオープンサンドを提供するカフェとして営業している。

レトロな古民家でくつろぐ
亀時間
かめじかん

宮大工による築約95年の古民家を利用。畳の客室や共有のラウンジスペースでのんびりと過ごすことができる。客室は個室が2つあるほか、定員6名のドミトリールームも。トイレ・バスルームは共用。

🏠 鎌倉市材木座3-17-21　室数 2室＋ドミトリー
☎ 0467-25-1166
🚌 バス停九品寺から徒歩1分　🚗 P1台
材木座 ▶ MAP 別 P.4 A-3
料金 2名1室9000円〜、ドミトリー1泊3500円
IN 15:00 OUT 10:00

亀時間のラウンジスペースは、第1・3土曜の夜だけ南インドカレーを提供する「ヨルカメ」として営業！

電車がベスト！
東京から鎌倉への行き方をチェック

神奈川県鎌倉市は、相模湾に突き出した三浦半島の付け根あたりにあり、藤沢市・茅ヶ崎市と共に湘南エリアと呼ばれる海に面した市。都内からは約1時間と、アクセス便利なのが魅力！

ACCESS 1

鉄道 TRAIN

都内から鎌倉までは電車で約1時間。さまざまな行き方があるが、東京駅・新宿駅・渋谷駅などの主要駅からJR横須賀線や湘南新宿ラインに乗れば、鎌倉駅まで直通でアクセスできる。江の島へは藤沢駅経由、逗子・葉山へは鎌倉駅経由で。

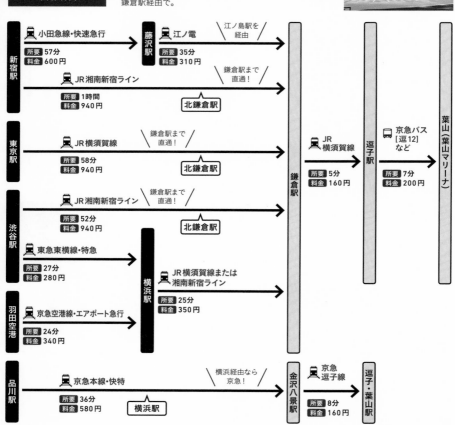

新宿駅 — 小田急線・快速急行 所要57分 料金600円 → 藤沢駅 — 江ノ電 所要35分 料金310円 江ノ島駅を経由

新宿駅 — JR湘南新宿ライン 所要1時間 料金940円 鎌倉駅まで直通！ 北鎌倉駅

東京駅 — JR横須賀線 所要58分 料金940円 鎌倉駅まで直通！ 北鎌倉駅

渋谷駅 — JR湘南新宿ライン 所要52分 料金940円 鎌倉駅まで直通！ 北鎌倉駅

渋谷駅 — 東急東横線・特急 所要27分 料金280円 → 横浜駅

羽田空港 — 京急空港線・エアポート急行 所要24分 料金340円 → 横浜駅

横浜駅 — JR横須賀線または湘南新宿ライン 所要25分 料金350円 → 鎌倉駅

鎌倉駅 — JR横須賀線 所要5分 料金160円 → 逗子駅 — 京急バス[逗12]など 所要7分 料金200円 → 葉山（葉山マリーナ）

品川駅 — 京急本線・快特 所要36分 料金580円 横浜経由なら京急！ 横浜駅 → 金沢八景駅 — 京急逗子線 所要8分 料金160円 → 逗子・葉山駅

目的別 アクセスのポイント

① 乗り換えなしで行くなら ▶ 横須賀線＆湘南新宿ライン

② 江の島に行くなら ▶ 小田急線が便利

③ 鎌倉〜江の島エリアは ▶ フリーパスあり ▶P.153

④ 葉山＆逗子へは ▶ バスor電車で！

羽田空港から鎌倉へ

●バス　羽田空港（リムジンバス30分）横浜シティ・エア・ターミナル（徒歩10分）横浜駅（湘南新宿ライン25分）鎌倉駅

●電車　羽田空港（京急線25分）横浜駅（湘南新宿ライン25分）鎌倉駅

東京〜鎌倉鉄道路線図

八王子駅　横浜線　町田　小田急小田原線　新宿　東京
相模大野　あざみ野　東急田園都市線　渋谷　山手線　品川
中央林間　長津田　新横浜
小田原駅　大和　二俣川　東海道新幹線　菊名　横浜　京急蒲田　羽田空港第1・第2ターミナル
海老名駅　相鉄いずみ野線　相鉄本線　戸塚　上大岡　横浜　東神奈川　京急本線
湘南台　横浜市営地下鉄ブルーライン　大船　根岸線
藤沢　東海道本線　湘南新宿ライン　北鎌倉　鎌倉
小田原駅　石上　富士見町　湘南町屋　和田塚
本鵠沼　柳小路　湘南江の島　目白山下　湘南深沢　由比ヶ浜　横須賀線　金沢八景
小田急江ノ島線　鵠沼　片瀬山　西鎌倉　長谷　湘南新宿ライン　京急逗子線　堀ノ内
鵠沼海岸　江ノ島　江ノ島電鉄　極楽寺　逗子　久里浜　浦賀
湘南海岸公園　片瀬江ノ島　腰越　鎌倉高校前　七里ヶ浜　稲村ヶ崎　逗子・葉山　京急久里浜線
江の島　三崎口

問い合わせ	JR東日本	☎050-2016-1600（お問い合わせセンター）
	小田急電鉄	☎044-299-8200（お客さまセンター）
	江ノ島電鉄	☎0466-24-2713（鉄道部）

ACCESS 2　車 CAR

都内から鎌倉までは、車なら1時間30分〜2時間程度でアクセスできる。鎌倉市の東西を結ぶ国道134号線や逗子・葉山などは、海を望む爽快なドライブルート！ ただし鎌倉市は山に囲まれているので道幅の狭い一車線のみの道路が多く、渋滞しやすいのが難点。

ドライブアクセスチャート

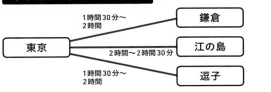

東京 ── 1時間30分〜2時間 ── 鎌倉
東京 ── 2時間〜2時間30分 ── 江の島
東京 ── 1時間30分〜2時間 ── 逗子

🚶 鎌倉市内の車移動についてはP.155を参照。駐車場情報もチェックして。　151

メインは電車＆バス！
鎌倉周辺を賢くめぐる

歩いて回れる場所も多い鎌倉市内だけど、エリア間の移動手段は電車かバスがメイン。
主要スポットまでのベストな移動方法については、アクセス早見表（→P.156）も参考にしてみて。

電車 TRAIN

鎌倉市の玄関口である鎌倉駅には、JR横須賀線と江ノ電が乗り入れている。北鎌倉や逗子へはJR、江の島方面へは江ノ電でアクセスしよう。目的地や乗車回数によっては、各社フリーパス（→P.153）がお得になることもあるので、事前にチェックしておくのも◎。

江ノ電
（江ノ島電鉄）

鎌倉駅〜藤沢駅までを結ぶ

鎌倉駅から住宅街を抜け、海沿いエリアを走る江ノ電。稲村ヶ崎駅・七里ヶ浜駅・鎌倉高校前駅あたりは海が間近に見え、旅気分を満喫できる。運行本数は約12分に1本なので、時間に余裕を持って利用して。

時刻表はコチラ！

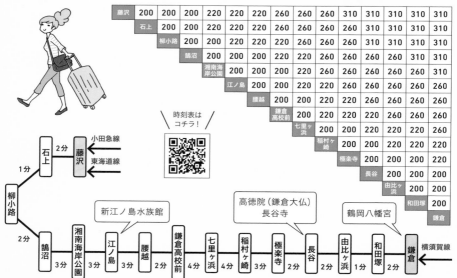

新江ノ島水族館

高徳院（鎌倉大仏）
長谷寺

鶴岡八幡宮

JR
北鎌倉や逗子へのアクセスに

鎌倉駅から横須賀線または湘南新宿ラインに乗り、東京方面にひと駅乗れば北鎌倉、反対方面にひと駅乗れば逗子へアクセスできる。運行本数は約10分に1本程度。

● 北鎌倉駅へ　横須賀線（東京方面）で3分　140円
● 逗子駅へ　横須賀線（久里浜方面）で5分　160円

モノレール
大船から江の島までを結ぶ

大船駅から湘南江の島駅を結ぶ。都内からのJR線ユーザーが江の島に行く場合、鎌倉駅で江ノ電に乗り換えるより大船駅から湘南モノレールを利用したほうが早いことも。

\ 電車で賢く回るテク /

便利なフリーパスを活用する！

エリアの移動が多く、何度も電車を利用する場合は、1日乗り放題になる
フリーパスのほうがお得な場合も。バスと併用できるものも！

その1 江ノ電の全駅で乗り降り自由

のりおりくん（江ノ電）

料金	650円
有効期間	1日
販売場所	江ノ電各駅の券売機

オススメ！

江ノ電全駅で乗り降り自由になるだけでなく、提携の飲食店や観光施設で提示すると、料金が割引になる。新江ノ島水族館とのセット券2900円などもある。

☑ 江ノ電の全線が1日乗り放題
☑ レストラン＆観光スポットで
　 使える優待がある
☑ スマホで使えるデジタル版も！

デジタル版

特典施設もある！→

その2 小田急線も江ノ電も！

江の島・鎌倉フリーパス（小田急）

料金	新宿から1640円（発駅により異なる）
有効期間	1日
販売場所	小田急線各駅の窓口・券売機

小田急線藤沢駅〜片瀬江ノ島駅、江ノ電全線で乗り降り自由。小田急線の発駅から藤沢駅までの往復きっぷも割引になるので、小田急線ユーザーはもれなくお得。

☑ 小田急線藤沢駅〜片瀬江ノ島駅がフリー区間
☑ もちろん江ノ電も全線使える
☑ 小田急線の発駅〜藤沢駅までの往復きっぷも割引に

江の島観光なら！

※上記料金は2022年3月12日料金改定後の金額です。詳しくは公式HPで確認。

その3 電車もバスも使える♪

鎌倉フリー環境手形（江ノ電・京急バス）

料金	900円
有効期間	1日
販売場所	江ノ電鎌倉駅、長谷駅、京浜急行バス鎌倉駅前案内所など

江ノ電の鎌倉駅〜長谷駅間、北鎌倉や金沢街道などの主要スポットにアクセスできる一部の江ノ電バス＆京急バスがフリー。協賛する社寺・美術館・飲食店などでの特典や、附属の路線図付きマップも。

☑ 江ノ電＆路線バスが乗り降りフリー
☑ 路線図マップ付き！
☑ 協賛社寺・協賛施設で特典アリ

お寺めぐりに最適 →

その4 大船〜江の島往復だけでも元が取れる

湘南モノレール1日フリーきっぷ（湘南モノレール）

料金	610円
有効期間	1日
販売場所	湘南モノレール各駅券売機・大船駅定期窓口・アソビュー

大船駅から湘南江の島駅までの全線で1日乗り放題になり、往復するだけで通常料金よりもお得になる。優待サービスが受けられる観光施設や飲食店は約80店舗も。

☑ 大船〜江の島の湘南モノレールが乗り放題
☑ 協賛店＆施設80件で
　 特典サービスあり
☑ ネットで買えるWEBチケットも！

WEB購入

鎌倉駅の東口にあるバス停を中心に、市内各所を網羅する路線バス。材木座や金沢街道など、電車のないエリアに行くのに便利。江ノ電バスと京急バスの2種類あり、運行本数も多い。路線はやや複雑だが、乗り場ごとに方面が分かれているので下記のバス乗り場MAPを確認して。

◎路線バスはこの2種類！

江ノ電バス　☎0466-24-2714（江ノ島電鉄 自動車部）
オレンジの車体　時刻表・ルート検索

京急バス　☎0467-23-2553（京浜急行バス 鎌倉営業所）
青い車体　時刻表・ルート検索

◎主な観光地へのアクセスはこちら

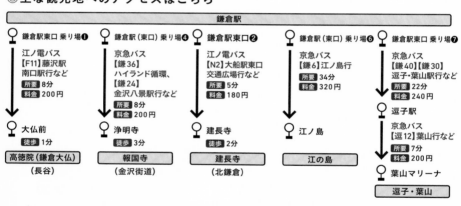

鎌倉駅

鎌倉駅東口 乗り場❶
江ノ電バス【F11】藤沢駅南口駅行など
所要 8分／料金 200円
↓
大仏前　徒歩 1分
高徳院（鎌倉大仏）（長谷）

鎌倉駅（東口）乗り場❹
京急バス【鎌36】ハイランド循環、【鎌24】金沢八景駅行など
所要 8分／料金 200円
↓
浄明寺　徒歩 3分
報国寺（金沢街道）

鎌倉駅東口❷
江ノ電バス【N2】大船駅東口交通広場行など
所要 5分／料金 180円
↓
建長寺　徒歩 2分
建長寺（北鎌倉）

鎌倉駅（東口）乗り場❻
京急バス【鎌6】江ノ島行
所要 34分／料金 320円
↓
江ノ島
江の島

鎌倉駅東口 乗り場❼
京急バス【鎌40】【鎌30】逗子・葉山駅行など
所要 22分／料金 240円
↓
逗子駅
京急バス【逗12】葉山行など
所要 7分／料金 200円
↓
葉山マリーナ
逗子・葉山

レトロな"りんどう号"も！

レトロな車体が目印の京急バス。路線番号は【鎌24】。区間は鎌倉駅から金沢八景駅まで。若宮大路や鶴岡八幡宮、金沢街道エリアなどを経由する。

※運賃・料金・乗り場は変更になる場合があるので利用前に確認を。
※料金は現金運賃。交通系ICカードを利用した場合は料金が異なる。

鎌倉駅東口バス乗り場MAP

❶ 長谷観音・大仏 方面
❷ 鶴岡八幡宮・建長寺・北鎌倉駅 方面
❸ 逗子 方面
❹ 報国寺・杉本寺 方面
❺ 鎌倉宮・瑞泉寺 方面
❻ 長谷観音・鎌倉山・江の島 方面
❼ 材木座・光明寺・逗子 方面

鎌倉周辺バス路線図

船7 N2 N3 大船駅(大船駅東口交通広場)

東海道本線

富士見町

湘南モノレール

藤沢駅 F3 F11

県合同庁舎前

町屋入口

鎌倉
中央公園 鎌51 明月院

北鎌倉

卍円覚寺

卍明月院

鎌倉宮

鎌倉霊園正門前太刀洗

小田急江ノ島線

手広

深沢

山の上ロータリー

卍建長寺

大塔宮 鎌20

卍瑞泉寺

藤ヶ谷

鎌大師

梶原口

梶原

桔梗山
K6

鎌倉
市役所前

若宮大路 八幡宮裏

八幡宮

天神前

十二所神社

金沢八景駅

鎌倉山 鎌24

常盤口 八雲神社前

鎌倉駅西口
鎌倉駅
東口

大学前

岐れ道

浄明寺

報国寺

十二所

泉水橋

ハイランド坂下 鎌24 鎌23

諏訪ヶ谷

鎌大師入口

津村

住吉

笛田

若松

火の見下

打越

杉本観音

鎌倉
霊園

龍口寺

見晴

高砂

旭ヶ丘

大仏坂
大仏前

卍高徳院 六地蔵

下馬四ツ角

大町四ツ角

名越

浄国寺

長勝寺

九品寺

五所
神社

東浜

腰越

長谷観音

長谷寺卍

笹目
海岸
東町

海岸通り

長谷

鎌倉学園

八幡

八雲神社

材木座

光明寺

緑ヶ丘入口 鎌36

江ノ島海岸

鎌倉高校前

七里ヶ浜

江ノ島電鉄

稲村ヶ崎

極楽寺

海岸東町

長谷
東町

鎌11

小学校前

飯島

鎌41

横須賀線

逗子駅

江ノ島 F3 N3 鎌6

江の島

病院前

久木西小路

小坪

逗子・葉山駅

鎌30 鎌40

※路線系統・路線図は変更になる場合があるので利用前に最新情報の確認を。

そのほかの移動手段

レンタサイクル

小回りのきく自転車でスイ〜ッ

車移動が不便な鎌倉市内はレンタサイクルも◎。鎌倉駅前で借りられる「鎌倉レンタサイクル駅前店」や由比ヶ浜でロードバイクを借りられる「GROVE鎌倉」など複数のショップがある。

鎌倉レンタサイクル駅前店
- TEL 0467-24-2319
- 料金 1時間600円〜
- 鎌倉駅周辺 ▶MAP 別P.14 A-2

GROVE鎌倉(ロードバイク)
- TEL 0467-23-6667
- 料金 1日5000円〜
- 鎌倉駅周辺 ▶MAP 別P.7 F-2

人力車

旅気分を満喫するなら

古都の景色を眺めながら市内を回れる。15分程度の手軽なものから、60分・90分などで社寺を回れるコースも。鎌倉駅中心からスタートする場合が多い。ハイシーズンは予約がおすすめ。

えびす屋鎌倉
- TEL 0467-61-3344
- 料金 1区間(12〜13分)
  1人3000円〜、2人4000円〜

有風亭
- TEL 090-3137-6384
- 料金 15分コース
  2人3000円〜

鎌倉力車
- TEL 0467-66-1213
- 料金 約10分
  1人2000円〜

車

目的地まで最短でアクセス

バスの路線がわかりづらい、荷物が多い! そんなときに便利なタクシー。鎌倉駅東口などにタクシー乗り場があり、下記のタクシー会社で配車も可能。ハイシーズンはすぐに乗れないことも。

京急タクシー
- TEL 0467-44-2214

KGグループ
- TEL 0467-31-0101

駐車場を探すなら「鎌倉なびマップ」

マイカーの場合、市内の駐車場を網羅したマップを活用! トイレの場所やフリーWi-Fiスポットもわかる。

「鎌倉なびマップ」は、"駐車場""トイレ"などの項目にチェックを入れると地図上に場所が表示される。

アクセス早見表

主要スポット間の移動手段・所要時間・料金がわかる早見表。縦列が出発地、横列が目的地。

目的地 / 出発地	鎌倉駅周辺 鎌倉駅	鎌倉駅周辺 鶴岡八幡宮 MAP別P.5 F-1	長谷 長谷寺(長谷観音) MAP別P.6 B-2	長谷 高徳院(鎌倉大仏) MAP別P.6 C-1
鎌倉駅		🚶10分	🚃🚶10分 200円 江ノ電4分→長谷駅→徒歩5分 🚌🚶11分 180円 江ノ電バスor京急バス7分→バス停長谷観音→徒歩4分	🚃🚶11分 200円 江ノ電4分→長谷駅→徒歩7分 🚌🚶10分 200円 江ノ電バスor京急バス8分→バス停大仏前→徒歩1分
鶴岡八幡宮	🚶10分		🚃🚶20分 200円 徒歩10分→鎌倉駅→江ノ電4分→徒歩5分	🚃🚶21分 200円 徒歩10分→鎌倉駅→江ノ電4分→徒歩7分
長谷寺(長谷観音)	🚃🚶10分 200円 徒歩5分→長谷駅→江ノ電4分 🚌🚶11分 180円 徒歩4分→バス停長谷観音→江ノ電バスor京急バス7分	🚃🚶20分 200円 徒歩5分→長谷駅→江ノ電4分→鎌倉駅→徒歩10分		🚶7分
高徳院(鎌倉大仏)	🚃🚶11分 200円 徒歩7分→長谷駅→江ノ電4分 🚌🚶10分 200円 徒歩1分→バス停大仏前→江ノ電バスor京急バス8分	🚃🚶21分 200円 徒歩7分→長谷駅→江ノ電4分→鎌倉駅→徒歩10分	🚶7分	
建長寺	🚃🚶20分 140円 徒歩15分→北鎌倉駅→JR横須賀線3分 🚌🚶10分 180円 徒歩2分→バス停建長寺→江ノ電バス6分	🚶15分 🚌🚶6分 180円 徒歩2分→バス停建長寺→江ノ電バス2分→バス停鎌倉宮前→徒歩2分	🚌🚶20分 360円 徒歩2分→バス停建長寺→江ノ電バス6分→鎌倉駅→江ノ電バスor京急バス7分→バス停長谷観音→徒歩4分	🚃🚌🚶19分 380円 徒歩2分→バス停建長寺→江ノ電バス6分→鎌倉駅→江ノ電4分→長谷駅→徒歩7分
明月院(あじさい寺)	🚃🚶15分 140円 徒歩10分→北鎌倉駅→JR横須賀線3分 🚌🚶13分 180円 徒歩5分→バス停明月院→江ノ電バス8分	🚶25分 🚌🚶11分 180円 徒歩5分→バス停明月院→江ノ電バス4分→バス停鎌倉八幡宮前→徒歩2分	🚃🚶22分 340円 徒歩10分→北鎌倉駅→JR横須賀線3分→鎌倉駅→江ノ電4分→長谷駅→徒歩5分	🚃🚶21分 340円 徒歩10分→北鎌倉駅→JR横須賀線3分→鎌倉駅→江ノ電4分→長谷駅→徒歩7分
報国寺(竹庭)	🚌🚶11分 200円 徒歩3分→バス停浄明寺→京急バス8分	🚶20分 🚌🚶11分 200円 徒歩3分→バス停浄明寺→京急バス6分→バス停八幡宮前→徒歩2分	🚃🚌🚶16分 400円 徒歩3分→バス停浄明寺→京急バス8分→鎌倉駅→江ノ電4分→長谷駅→徒歩5分	🚌🚶20分 400円 徒歩3分→バス停浄明寺→京急バス8分→鎌倉駅→江ノ電バスor京急バス8分→バス停大仏前→徒歩1分
江島神社	🚃🚶45分 260円 徒歩20分→江ノ島駅→江ノ電23分 🚌🚶40分 490円 徒歩5分→バス停江ノ島→京急バス34分	🚃🚶53分 260円 徒歩20分→江ノ島駅→江ノ電23分→鎌倉駅→徒歩10分	🚃🚶43分 260円 徒歩20分→江ノ島駅→江ノ電18分→長谷駅→徒歩5分 🚌🚶36分 440円 徒歩5分→バス停江ノ島→京急バス27分(乗換1回)→バス停長谷観音→徒歩4分	🚃🚶45分 260円 徒歩20分→江ノ島駅→江ノ電18分→長谷駅→徒歩7分 🚌🚶32分 440円 徒歩5分→バス停江ノ島→京急バス26分(乗換1回)→バス停大仏前→徒歩1分

※所要時間は乗り換え時間を含みません。時刻表を確認のうえお出かけください。

🚃…電車　🚌…バス　🚶…徒歩

北鎌倉 **建長寺** MAP 別 P.11 E-2	北鎌倉 **明月院(あじさい寺)** MAP 別 P.11 D-2	金沢街道 **報国寺(竹庭)** MAP 別 P.3 F-2	江の島 **江島神社** MAP 別 P.12 B-3
🚃🚶20分　140円 JR横須賀線3分→北鎌倉駅 →徒歩15分 🚌🚶10分　180円 江ノ電バス6分→ バス停建長寺→徒歩2分	🚃🚶15分　140円 JR横須賀線3分→北鎌倉駅 →徒歩10分 🚌🚶13分　180円 江ノ電バス8分→ バス停明月院→徒歩5分	🚌🚶11分　200円 京急バス8分→バス停浄明寺 →徒歩3分	🚃🚶45分　260円 江ノ電23分→江ノ島駅→ 徒歩20分 🚌🚶40分　490円 京急バス34分→ バス停江ノ島→徒歩5分
🚶15分 🚌🚶6分　180円 徒歩2分→バス停鎌倉八幡宮 前→江ノ電バス2分→ バス停建長寺→徒歩2分	🚶25分 🚌🚶11分　180円 徒歩2分→バス停鎌倉八幡宮 前→江ノ電バス4分→ バス停明月院→徒歩5分	🚶20分 🚌🚶11分　200円 徒歩2分→バス停八幡宮→ 京急バス6分→ バス停浄明寺→徒歩3分	🚃🚶53分　260円 徒歩10分→鎌倉駅→ 江ノ電23分→江ノ島駅→ 徒歩20分
🚌🚶20分　360円 徒歩4分→バス停長谷観音→ 江ノ電バスor京急バス7分→ 鎌倉駅→江ノ電バス6分→ バス停建長寺→徒歩2分	🚃🚶22分　340円 徒歩5分→長谷駅→ 江ノ電4分→鎌倉駅→ JR横須賀線3分→北鎌倉駅 →徒歩10分	🚃🚌🚶16分　400円 徒歩5分→長谷駅→江ノ電4 分→鎌倉駅→京急バス8分→ バス停浄明寺→徒歩3分	🚃🚶43分　260円 徒歩5分→長谷駅→江ノ電 18分→江ノ島駅→徒歩20分 🚌🚶36分　440円 徒歩4分→バス停長谷観音→ 京急バス27分(乗換1回)→ バス停江ノ島→徒歩5分
🚃🚌🚶19分　380円 徒歩7分→長谷駅→ 江ノ電4分→鎌倉駅→ 江ノ電バス6分→ バス停建長寺→徒歩2分	🚃🚶21分　340円 徒歩7分→長谷駅→ 江ノ電4分→鎌倉駅→ JR横須賀線3分→北鎌倉駅 →徒歩10分	🚌🚶20分　400円 徒歩1分→バス停大仏前→ 江ノ電バス6分→ 鎌倉駅→京急バス8分→ バス停浄明寺→徒歩3分	🚃🚶45分　260円 徒歩7分→長谷駅→江ノ電18分 →江ノ島駅→徒歩20分 🚌🚶32分　440円 徒歩1分→バス停大仏前→ 京急バス26分(乗換1回)→ バス停江ノ島→徒歩5分
🚶14分 🚌🚶9分　180円 徒歩2分→バス停建長寺→ 江ノ電バス2分→ バス停明月院→徒歩5分		🚶30分 🚌🚶19分　380円 徒歩2分→バス停建長寺→ 江ノ電バス6分→鎌倉駅→ 京急バス8分→バス停浄明寺 →徒歩3分	🚃🚌🚶51分　180円 徒歩2分→バス停建長寺→ 江ノ電バス6分→鎌倉駅→ 江ノ電23分→江ノ島駅→ 徒歩20分
🚶14分 🚌🚶9分　180円 徒歩5分→バス停明月院→ 江ノ電バス2分→ バス停建長寺→徒歩2分		🚃🚌🚶24分　340円 徒歩10分→北鎌倉駅→ JR横須賀線3分→鎌倉駅→ 京急バス8分→バス停浄明寺 →徒歩3分	🚃🚶56分　400円 徒歩10分→北鎌倉駅→ JR横須賀線3分→鎌倉駅→ 江ノ電23分→江ノ島駅→ 徒歩20分
🚶30分 🚌🚶19分　380円 徒歩3分→バス停浄明寺→ 京急バス8分→鎌倉駅→ 江ノ電バス6分→ バス停建長寺→徒歩2分	🚃🚌🚶24分　340円 徒歩3分→バス停浄明寺→ 京急バス8分→鎌倉駅→ JR横須賀線3分→北鎌倉駅 →徒歩10分		🚃🚌🚶54分　460円 徒歩3分→バス停浄明寺→ 京急バス8分→鎌倉駅→ 江ノ電23分→江ノ島駅→ 徒歩20分
🚃🚌🚶51分　180円 徒歩20分→江ノ島駅→ 江ノ電23分→鎌倉駅→ 江ノ電バス6分→ バス停建長寺→徒歩2分	🚃🚶56分　400円 徒歩20分→江ノ島駅→ 江ノ電23分→鎌倉駅→ JR横須賀線3分→北鎌倉駅 →徒歩10分	🚃🚌🚶54分　460円 徒歩20分→江ノ島駅→ 江ノ電23分→鎌倉駅→ 京急バス8分→バス停浄明寺 →徒歩3分	

🚶📷 上記の移動手段は代表的な一例。バスは路線が複数あるので、行き先を確認してから乗車を。　157

INDEX

シーサイドイタリアン カンティーナ	逗子	140
SHONAN PHOTO CAFÉ	腰越	37
しらすや 腰越漁港前店	腰越	34
SLOW KAMAKURA	鎌倉駅周辺	108
台湾キッチン 叙序圓	鎌倉駅周辺	41,107
TAVERNA RONDINO	稲村ヶ崎	38
段葛 こ寿々	鎌倉駅周辺	16,106
馳走かねこ	鎌倉駅周辺	35,111
CHABAKKA TEA PARKS	鎌倉駅周辺	109
朝食屋コバカバ	鎌倉駅周辺	40,104
燕CAFE	鎌倉駅周辺	17,32
点心庵	北鎌倉	125
豊島屋菓寮 八十小路	鎌倉駅周辺	45
DRAQUIRE	七里ヶ浜	39
Nami Zaimokuza	材木座	48,119
Pacific DRIVE-IN 七里ヶ浜	七里ヶ浜	28
Bistro Ampersand	鎌倉駅周辺	109
HIRANO	七里ヶ浜	37
bills 七里ヶ浜	七里ヶ浜	29
POOLSIDE CAFE	逗子	141
PHO RASCAL	鎌倉駅周辺	109
藤浪	江ノ島	25,132
ブラッスリー航	北鎌倉	31,123
フラワーパワーカフェ	鎌倉駅周辺	9,101
fruteria 7	鎌倉駅周辺	107
ほうじ茶 STAND - 鎌倉 -	鎌倉駅周辺	21,53
マリブファーム 逗子マリーナ	逗子	138
もみじ茶屋 鎌倉小町通り	鎌倉駅周辺	103
野菜フレンチ Suzu	腰越	30
ヨリドコロ	稲村ヶ崎	37,40,97
Lucky Meal Mermaid	江ノ島	137
Rans kamakura	鎌倉駅周辺	102
Régalez-Vous	鎌倉駅周辺	9,49
レストラン ラ・マーレ	葉山	145
Restaurant Watabe	長谷	39
LONCAFE 湘南江の島本店	江ノ島	25,134,136
Ron Herman cafe 逗子マリーナ店	逗子	138

ワイン食堂 オステリア コマチーナ	鎌倉駅周辺	101,111

🛒 SHOPPING

あさひ本店	江ノ島	130
イグル氷菓	腰越	21,47
井上蒲鉾店 由比ガ浜本店	和田塚	97
WELKAM	鎌倉駅周辺	86,89
御菓子司 扇屋	江ノ島	23
okashi nikaido	金沢街道	127
カカオハナレ 長谷本店	長谷	47
果実大福 華菱 鎌倉本店	北鎌倉	92
鎌倉漁業協同組合の朝市	極楽寺	95
鎌倉五郎本店 鎌倉小町通り本店	鎌倉駅周辺	91
鎌倉市農協連即売所	鎌倉駅周辺	94
鎌倉創作和菓子 手毬	長谷	13,21,74
鎌倉そらつき	鎌倉駅周辺	17,21,53
鎌倉茶々 本店	鎌倉駅周辺	103
鎌倉ニュージャーマン 鎌倉本店	鎌倉駅周辺	91
鎌倉ハム富岡商会 鎌倉小町 本店	鎌倉駅周辺	96
鎌倉紅谷 八幡宮前本店	鎌倉駅周辺	90
鎌倉彫ショップ倶利	鎌倉駅周辺	99
北鎌倉燻製工房	鎌倉駅周辺	94
紀の國屋本店	江ノ島	25,130
ぐるぐるべゑぐる	鎌倉駅周辺	51
腰越漁業協同組合の朝市	腰越	95
ことのいち鎌倉	鎌倉駅周辺	86,96,97
コトリ	鎌倉駅周辺	87,89
KOMOPAN	腰越	50
さくらの夢見屋 小町通り店	鎌倉駅周辺	46
サムライソーセージ	鎌倉駅周辺	96
GELATERIA SANTi	鎌倉駅周辺	46,108
白帆鎌倉	鎌倉駅周辺	99
Squeeze 材木座	材木座	51,119
力餅家	長谷	91
chahat カマクラ	鎌倉駅周辺	85
TUZURU	鎌倉駅周辺	87

豊島屋 本店	鎌倉駅周辺	17,20,88,90
Pacific BAKERY	七里ヶ浜	51,117
PARADISE ALLEY BREAD & CO.	鎌倉駅周辺	94
はんなりいの 鎌倉小町通り本店	鎌倉駅周辺	97
pain presso	逗子	140
ピエニ・クローネ	鎌倉駅周辺	85
vuori	長谷	84
プリンセスきのこ 「あげまっしゅ」	鎌倉駅周辺	103
マーロウ 葉山マリーナ店	葉山	145
マヤノカヌレ	北鎌倉	20,92,124
三橋食品	鎌倉駅周辺	95
MAISON CACAO 鎌倉小町本店	鎌倉駅周辺	46
ヨリドコロ レンバイ市場店	鎌倉駅周辺	94
la boutique de yukinoshita kamakura	鎌倉駅周辺	93
Romi-Unie Confiture	鎌倉駅周辺	93,105

🏨 STAY

鎌倉プリンスホテル	七里ヶ浜	148
KAMAKURA HOTEL	鎌倉駅周辺	8,146
亀時間	材木座	149
HOTEL AO KAMAKURA	腰越	8,148
ホテルメトロポリタン 鎌倉	鎌倉駅周辺	8,147
MALIBU HOTEL	逗子	138

STAFF

編集制作 若宮早希

取材・撮影・執筆
若宮早希、粟屋千春

撮影
古根可南子、北原俊寛

モデル
中塚星来 (P.16〜19、42)

写真協力
鎌倉市観光協会　藤沢市観光協会　関係諸施設
PIXTA　photolibrary

表紙デザイン　菅谷真理子 (マルサンカク)

本文デザイン
菅谷真理子 (マルサンカク)
鈴木勝 (FORM)

表紙イラスト
大川久志　深川優

本文イラスト
ナカオテッペイ
笠井木々路 (P.82コラム)

地図制作　s-map

地図イラスト　岡本倫幸

組版・印刷　大日本印刷株式会社

企画・編集　白方美樹 (朝日新聞出版)

ハレ旅　鎌倉　江の島・逗子・葉山

2022年 3 月30日　第 1 刷発行
2023年 6 月20日　第 3 刷発行

編　著　朝日新聞出版

発行者　片桐圭子

発行所　朝日新聞出版
　　　　〒104-8011　東京都中央区築地5-3-2
　　　　(お問い合わせ)
　　　　infojitsuyo@asahi.com

印刷所　大日本印刷株式会社

©2022 Asahi Shimbun Publications Inc.
Published in Japan by Asahi Shimbun Publications Inc.
ISBN 978-4-02-334713-7